방구석에서 읽는
수상한 미술 이야기

방구석에서 읽는
수상한 미술 이야기

발행일 2020년 7월 1일 초판 1쇄 발행
지은이 박홍순
발행인 방득일
편 집 신윤철, 박현주, 정미정, 문지영
디자인 강수경
마케팅 김지훈

발행처 맘에드림
주 소 서울시 도봉구 노해로 379 대성빌딩 902호
전 화 02-2269-0425
팩 스 02-2269-0426
e-mail momdreampub@naver.com

ISBN 979-11-89404-35-2 44190
ISBN 979-11-89404-03-1 44080(세트)

청소년을 위한 명화 그리고 세상 이야기

방구석에서 읽는
수상한 미술 이야기

박홍순 지음

맘에드림

방구석에 앉아서 함께 나누는
그림 그리고 세상 이야기

우연히 발견한 그림 하나가 종종 사회를 이해하는 열쇠가 되기도 합니다. 때론 그림에서 우리가 살아가는 사회의 조건과 삶의 현실, 정신의 흐름을 발견하기도 하지요. 또 그림을 통해 작가의 독특한 사고방식을 엿볼 수 있습니다. 작가 자신도 모르게 내면을 고스란히 드러내는 경우가 많으니까요. 따라서 그림을 보면 단지 화가 자신뿐만 아니라 동시대인들의 사고방식도 통찰할 수 있습니다.

또한 그림에서 사회 변화의 전조를 발견하기도 합니다. 역사 변화 징조는 예술에서 가장 먼저 나타나는 경우가 흔하기 때문이죠. 예컨대 서구 근대화의 가장 중요한 기둥인 산업혁명과 시민혁명의 뿌리를 찾아 들어가면 르네상스와 만납니다. 르네상스 정신은 미술을 비롯한 예술에서 가장 먼저 드러났죠. 예술은 그만큼 시대 변화를 민감하게 반영하고, 심지어 한 발 더 나아가 선도하기도 합니다. 그렇기 때문에 미술작품을 통해 사회 변화를 탐구하고 고민하는 것은 매우 의미 있는 배움의 과정이 될 것입니다.

그림을 이해하려면 뭔가 다양한 사전지식을 갖추고 있어야만 한다고 생각합니다. 물론 때때로 사전지식이 도움이 되기도 하지만,

4

반대로 그림에 대한 불필요한 선입견을 심어주기도 하지요. 그림을 이해하는 방법은 실제로 여러 가지입니다. 그림이 주는 느낌을 개인적으로 자유롭게 즐기는 것도 미술과 만나는 좋은 방법입니다. 어떤 역사적 배경에서 그려졌는지, 작가가 어떤 삶의 과정을 겪었는지를 모른다고 해서 감상이 전혀 불가능하거나 틀린 감상이라고 단정할 수는 없습니다. 주관적이고 감성적인 느낌만으로도 충분히 의미 있는 미술 감상을 즐길 수 있으니까요.

또한 표현양식이나 미학적 측면에 주목해서 미술작품을 감상하는 것도 하나의 방법입니다. 특히 기존의 미술 평론 중에는 이렇게 표현양식 변화를 작가가 살아온 인생여정과 잘 버무려서 풀어내는 경우가 꽤 있습니다. 표현기법의 변화를 통해 원시미술에서 현대미술에 이르기까지 변화 과정을 추적하곤 합니다.

이 책에서는 미술작품을 통해 주로 사회적·인문학적 '의미'를 찾아 나가는 과정에 주목했습니다. 그림과 작가를 통해 우리는 그 시대 사람들과 만나고 대화할 수 있다고 생각합니다. 작가의 개인적 느낌을 사회적 맥락과 연결하여 생각의 확장을 시도할 수도 있죠.

이 책에서 특히 관심을 둔 것은 현대사회와 현대인의 사고 및 행동 방식과의 연결고리를 찾아내는 작업이었습니다. 과거에 그려진 그림을 감상하면서 시대를 초월하여 현대사회를 살아가는 우리에게 어떤 고민을 던져주고 있는지 탐구해보고 싶었습니다. 혹시 오늘날 우리의 문제를 풀어 나가는 실마리를 마련할 수 있는지에 대해 고민해보고 싶었죠. 학문과 마찬가지로 미술에서도 '지금, 여기'에 의미를 주지 못하는 사실이나 고민은 땅속에 영원히 파묻혀 있는 화석처럼 죽은 것이나 다름없다고 생각하기 때문입니다.

더 나아가 이 책을 읽는 독자와 이런저런 세상 이야기들을 나누고 싶었습니다. 비록 함께 자리할 순 없지만, 미술작품을 통해 문제의 단서를 잡아내면 이와 관련하여 고민할 수 있는 다양한 의문을 던지고 서로 생각을 자극할 수 있지 않을까 생각했습니다. 책에 실린 그림과 글을 보는 독자 여러분과 순간순간 함께 호흡하고 고민하고 싶은 욕심 때문입니다.

청소년뿐만 아니라 어른들에게조차 미술관의 문턱은 어쩐지 마냥 높게만 여겨집니다. 큰 맘 먹고 미술관을 찾는다고 해도 원하는

그림을 모두 볼 수 있는 것도 아닙니다. 그리고 작품에 대한 자신의 생각을 누군가에게 이야기할 때면 혹시 괜히 나의 무지가 탄로 나는 건 아닐까 하는 두려움에 지레 움츠러들기도 하죠. 작품에 대한 느낌을 자유롭게 또 편안하게 나누고 싶어도 그럴 만한 자리를 마련한다는 게 여간 어렵지 않습니다.

이 책을 통해 각자 여러분의 방 안에서 가장 편안한 자세로 자유롭게 작품을 감상하면서 모쪼록 자신의 감상을 마음껏 티키타카할 수 있었으면 합니다. 또 앞으로 어떤 미술작품을 만나든 간에 주눅 들지 않고 거침없이 바라보고 자유롭게 생각할 수 있었으면 합니다. 무엇보다 그림 속에 담긴 작가의 상징과 은유에 마음의 눈을 열게 되기를, 아울러 그림을 통해 세상을 바라보는 한층 폭넓은 시야를 갖게 되기를 진심으로 바랍니다.

박홍순

차
례

 THEME #1

우리가 꿈꾸는 공정한 세상

"난 도저히 이 경기 결과를 납득할 수 없어요!"

함께하는 삶, 사회적 경제가 희망이다

"모두가 함께 행복해질 수 있는 방법은 없을까요?"

"난 도저히 이 경기 결과를 납득할 수 없어요!"

우리가 꿈꾸는 공정한 세상

노력과 재능은 과연 성공의 열쇠일까?

에두아르 마네 〈롱샹의 경마〉 1864년

Edouard Manet, 1832 ~ 1883

| '노오력'은 배신하지 않는다? |

'고생 끝에 낙이 온다', '공든 탑이 무너지랴', '열 번 찍어 안 넘어가는 나무 없다'… 아마 어릴 때부터 귀가 따갑게 들어본 말들일 것입니다. 소위 '노력'은 배신하지 않는다는 뜻을 담은 속담들이죠. 먼저 그림을 잠시 살펴볼까요? 어떤 느낌이 드나요? 이 그림은 인상주의 미술의 아버지로 불리는 에두아르 마네^{Edouard Manet, 1832~1883}의 〈롱샹의 경마〉라는 그림입니다. 무엇보다도 전속력으로 질주하는 말의 역동성과 속도감이 한눈에 느껴질 것입니다. 함성을 지르며 경주에 열광하는 관중의 열기도 피부로 다가옵니다. 혹은 아주 일부는 경마장이 있는 파리 교외 롱샹 숲의 경치가 눈에 들어오는 사람도 있을지 모르겠습니다.

아무튼 역사적으로 말을 그린 화가들은 많지만 이만큼 속도감을 느낄 수 있는 그림은 그리 흔하지 않습니다. 대체로 말 그림들은 말의 위용을 뽐내거나 멋지게 달리는 장면을 담아낸 것이 많습니다. 우아하고 멋진 모습을 보여주기 위해 머리를 곧추세운 몸과 길쭉하게 뻗은 다리를 강조하죠. 또 말을 탄 기수의 당당한 모습도 상세하게 묘사하기 마련입니다. 무엇보다 말의 아름다움과 힘을 잘 보여주기 위해 보통은 측면에 주목한 그림이 많습니다.

하지만 마네의 이 그림은 다릅니다. 일단 정면을 묘사했죠. 게다가 자세히 보면 말이 달리면서 일으키는 흙먼지에 가려 뒤편 말들의 다리는 제대로 보이지도 않습니다. 아마 경마장에 가서 맹렬하게 질주하는 말들을 실제로 본다면 분명 이런 느낌에 가까울 것입니다. 말의 온전한 모습보다는 속도감을 최대한 묘사하는 데 주의를 기울였음을 알 수 있습니다. 그래서 이 그림을 보고 있노라면 마치 말들이 우리를 향해 거침없이 달려오는 듯, 풍부한 현장감이 느껴집니다. 그래서인지 말의 속도감이 한층 더 실감납니다.

삭막한 경쟁 사회를 살아가는 우리 현대인은 이 그림에서 또 다른 느낌을 받을 것입니다. 스스로 그림 속의 말이나 기수가 되어 숨을 헐떡이며 경주로를 달리는 기분에 사로잡히는 거죠. '무한경쟁'이라는 말이 무슨 상식인 양 아무렇지 않게 쓰일 만큼 우리는 매일같이 경쟁의 회오리 속에서 살아남기 위해 애쓰고 있습니다. 혹시 경쟁 자체가 목적이고, 개인은 이를 위한 수단이 아닌가 싶을 만큼 남보다 한 걸음이라도 앞서기 위해 뛰고 또 뛰어야 합니다.

물론 경쟁 자체는 현대사회만의 고유한 현상이 아닙니다. 아주 오래전부터 학문이나 예술 분야는 물론이고, 나아가 사회적인 지위 상승을 놓고도 경쟁해왔으니까요. 하지만 오늘날만큼 경쟁이 이토록 전면적으로 강제되지는 않았습니다.

꽤 오랫동안 경쟁에서 성공하기 위해 가장 중요하게 강조된 덕목은 단연 '노력'입니다. 요즘 한국 사회에서는 한층 더 강조하는 의미에서 노오력이라고 표현하는 게 유행이죠. 이 글을 시작하며 언급했던 속담들 말고도 동서를 막론하고 성공을 위해 노력만큼 좋은 방법이 없다는 교훈이 줄을 잇습니다. 고대 그리스 스토아학파의 대표적인 철학자 에픽테토스는 "모든 습관은 노력에 의해 굳어진다. 잘 걷는 습관을 기르기 위해서는 자주 많이 걸어야 한다. (…) 지금까지의 습관을 중단하면 그 습관은 차츰차츰 쇠퇴해진다."라고 했습니다.

러시아를 대표하는 작가 겸 사상가 톨스토이는 "노력은 수단이 아니라 그 자체가 목적이다. 노력하는 것 자체에 보람을 느낀다면 누구든지 인생의 마지막 시점에서 미소를 지을 수 있을 것이다."라고 했죠. 아예 노력 자체를 우리가 추구해야 할 목적이라고 단정한 거죠.

조금 현대로 거슬러 올라와 볼까요? '골프 황제'로 불리는 타이거 우즈는 어떤 인터뷰에서 이렇게 말했습니다.

> "다른 사람들로부터 인정을 받기 위해서는 부단한 연습 이외에 다른 방법이 없습니다. 타고난 재능이란 인간이 만들어낸 허구에 불과합니다."

세계적인 스포츠 스타조차 노력에 예외는 없는 모양입니다. 이런 것들을 종합해보니 노력은 성공의 어머니라는 교훈은 어쩐지 진리 같습니다. 최근에는 무슨 이론처럼 '1만 시간의 법칙' 운운하며 노력을 거의 신성함의 경지로까지 끌어올립니다. 한 가지 일에 큰 성과를 거두려면 1만 시간의 학습과 경험을 통한 훈련이 필요하다는 거죠. 하루에 평균 약 3시간을 투자한다고 가정하면 10년 정도가 걸립니다. 위대한 업적을 남긴 유명한 사람들, 예를 들어 아인슈타인, 피카소, 프로이트 등의 공통점은 최소 10년 이상의 집중적인 노력이었다며 상당히 구체적인 근거를 들기도 했습니다.

1만 시간… 매우 긴 시간입니다. 그런데 잠깐 의문이 듭니다. 정말 1만 시간만 노력하면 우리는 모두 성공에 이를 수 있을까요? 글쎄요. 어쩌면 세상의 수많은 사람들은 1만 시간은커녕 이미 10만 시간 이상의 노력을 퍼붓고 있는지도 모릅니다. 아예 하루 24시간이 모자란 기분으로 하루하루를 치열하게 살아내며, 심지어 휴식을 사치로 여기며 잠조차 줄여야 하는 상황에 내몰리기도 하죠.

현대인의 대부분이 유소년과 청소년 시절, 아니 어쩌면 그 이전부터 혹독한 경쟁 속에 던져집니다. 학교에서의 학업 경쟁, 입시 경쟁만 떠올려도 이해가 될 것입니다. 초등학교에서 고등학교까지 최소 12년은 입시 경쟁에 시달려야 합니다. 웬만한 대학에 들어가려면 학교 수업과 사교육을 포함하여 적어도 하루에 10시간 이상을 공부에 매달려야 하죠.

그러한 노력 끝에 누구나 선망하는 이른바 명문대학 입학에 성공한다고 해도 무한경쟁이 끝나는 것은 아닙니다. 곧이어 취업 경쟁이 시작되니까요. 그림 속에 묘사된 경마장 경주로에 놓인 말들처럼 또다시 전력을 다해 질주합니다. 전력 질주 끝에 원하던 대기업에 들어가도 사정은 별로 달라지지 않습니다. 남보다 높은 연봉과 승진을 위해 또다시 경쟁에 뛰어들어야 하니까요.

그러니 우리 대부분은 이미 1만 시간이라는 말로는 부족한 극단적 '노오력' 속에서 살고 있는 셈입니다. 그런데도 노력하는 만큼 자신이 성공에 가까워졌다고 생각하는 사람이 과연 몇이나 될까요? 어려서부터 노력은 배신하지 않는다는 말을 수도 없이 들어왔건만, 이것이 자신에게 실제로 적용되고 있다고 믿는 사람은 과연 얼마나 될까요? 어쩌면 아무리 노력해도 성공은 나와 거리가 멀 수도 있다는 생각, 또 노력과 무관한 다른 요인이 더 결정적일지 모른다는 다소 절망적인 생각이 자꾸 머리에서 맴돕니다.

| 재능만 있으면 만사 오케이라고? |

노력과 함께 성공의 핵심 요인으로 꼽히는 게 하나 더 있습니다. 바로 타고난 재능이지요. 다시 한 번 마네의 그림에서 본 말 이야기로 돌아가 볼까요? 경마에서 기수의 능력 이상으로 중요시되는 것이 바로 말의 타고난 능력입니다. 태생적으로 뛰어난 말을 타야 경기에서 우승을 하거나 상위권에 들어갈 수 있다는 것은 경마에서 상식에 속합니다.

따라서 어떤 혈통을 지녔는가에 따라 경주마 가격은 천차만별이죠. 예를 들어 수년 전 정권의 비선 실세 딸에게 기업이 사준 말의 가격이 한 마리 당 약 10억 원 내외였다는 뉴스를 듣고 많은 사람이 놀란 입을 다물지 못했습니다. 그만큼 말의 타고난 능력이 경기에서 결정적인 역할을 하기 때문에 좋은 말의 가격은 일반인의 상상을 훌쩍 뛰어넘습니다. 씨를 받기 위하여 기르는 이름난 혈통의 종마 가격은 무려 수십억 원에 달하며, 세계 종마 경매사상 최고가를 기록한 말은 거의 100억 원이라고 하는군요.

타고난 능력의 중요성을 증명한 연구 하나를 소개할까요? 미국

심리학회가 몇 년 전에 전체 성과에서 노력과 선천적 재능의 비중을 비교 연구한 적이 있습니다. 게임·음악·스포츠에서 노력이 차지하는 비중은 20퍼센트 내외에 머물렀고, 나머지는 선천적 재능이라고 합니다. 교육은 그 격차가 더욱 극단적이어서 노력이 고작 4퍼센트밖에 차지하지 못한다고 하는군요. 연구의 결론은 선천적 재능이 경쟁에서 결정적 역할을 한다는 것입니다.

미국의 유명한 사업가인 '석유왕' 록펠러에게 막대한 부를 쌓을 수 있었던 요인을 질문하자 그는 이렇게 말했다고 합니다.

"난 그저 나보다 머리가 좋은 사람들을 채용했을 뿐이다."

결국 어떤 분야에서 성공하려면 타고난 재능을 갖고 있거나 그런 사람들을 자기 주변에 두어야 한다는 의미일 것입니다. 그런데 현실은 어떤가요? 과연 재능이 성공의 최우선일까요? 우리 주변에 어린 시절부터 미술이나 음악에서 재능을 보이는 사람들이 꽤 있습니다. 누가 가르쳐준 것도 아닌데 사람이나 사물의 모습을 기가 막히게 그리는 친구들이 있죠? 악보를 보지 않아도 음악을 들으면 비슷하게 건반을 누르는 경우도 있고, 남보다 탁월한 암기력을 보이기도 합니다. 이런 아이들은 보통 초등학교 시절에는 재능을 발휘하는 분야에서 두각을 나타냅니다. 중학교와 고등학교까지도 나름대로 인정을 받지요. 하지만 그중 아주 일부만이 원하는 대학의 전공 분야로 진출합니다.

그나마도 30~40대 정도의 나이가 되면 성공은커녕 해당 분야에서 계속 일하는 사람조차 몇 분의 일로 크게 줄어듭니다. 또 재능을 살려 일하고 있더라도 해당 분야에서 이름을 날리는 사람은 솔직히 매우 드물죠. 어릴 때 스스로 혹은 주변에서 보기에 재능이 있다고 했던 사람들 중 대부분은 그저 그렇게 평범하게 살아가는 셈입니다. 심지어 자신의 희망과 달리 상대적으로 뒤처져 살아간다고 생각하는 사람도 많습니다.

물론 어마어마한 재능이라면 사정이 다르다는 반론도 가능합니다. 하긴 아인슈타인이나 모차르트처럼 세기의 천재라면 누구도 당해내기 어렵겠죠. 그런데 이러한 천재는 말 그대로 수백만 명 중에서 한 명 나올까 말까한 희박한 확률입니다. 우리가 흔히 말하는 일반적인 재능과는 거리가 멀기에 사회적으로 성공하기 위한 요인으로 거론하기에는 일반화 자체에 무리가 있습니다.

이제는 점점 더 의문이 듭니다. 어릴 때부터 가정이나 학교에서 노력은 배신하지 않는다는 말을 들어왔지만, 점차 현실과는 거리가 먼 이야기로 느껴지니까요. 또 아무리 어려운 조건에서 태어나고 자랐더라도 재능만 있으면 얼마든지 성공할 수 있다는 격려에서 힘을 얻기보다는 왠지 모르게 눈가림 같다는 생각이 듭니다. 경쟁에서 이기고 성공하려면 노력이나 재능이 아닌 무언가 다른 게 작용하고 있다는 의문이 머리를 떠나지 않습니다. 노력도 재능도 그저 평범한 우리들에게는 성공이 혹시 희망고문은 아닐까요? 무엇보다 이런 불쾌한 의문은 대체 왜 생겨나게 된 걸까요?

기울어진 운동장에서 공정을 외치다!

조지 벨로스 〈절벽 거주자〉 1931년

George Bellows, 1882~1925

| 어쩌면 이미 결과가 정해진 승부에 관하여 |

앞에서 재능과 노력만으로는 도달하기 어려운 우리 시대의 성공에 관해 생각해보았습니다. 좀 더 생각을 이어가기 위해 새로운 그림을 소개하려고 합니다. 미국 사실주의 화가 조지 벨로스George Bellows, 1882~1925의 〈절벽 거주자〉는 우리 사회의 우울한 단면을 날카롭게 보여줍니다. 그림에 묘사된 것은 뉴욕 길거리 광경이지만 우리 사회의 현실이기도 하죠. 그림을 보면 도시 골목에 사람들이 북적거립니다. 비좁은 골목의 공동주택에는 햇볕도 제대로 들어오지 않습니다. 낡아서 너덜너덜한 베란다에 한줌 햇볕이라도 쬐기 위해 밖으로 나온 사람들의 모습이 어쩐지 지쳐 보입니다.

건물을 가로질러 빨래를 널어놓은 모습이 특이합니다. 시트나 수건은 물론이고 심지어 속옷도 걸려 있습니다. 빨래가 떨어지거나 날아가지 않도록 집게로 집어놓았고요. 집안으로 햇볕이 들어오지 않으니 궁여지책으로 건물 사이를 빨랫줄로 이었을 것입니다. 너저분할 뿐만 아니라 사람들의 이동이 많고 차량까지 다니는 길이어서 위험해 보이기까지 합니다.

길바닥에는 아이들이 옹기종기 모여 놀고 있습니다. 땅에 털썩 앉아 있기도 하고 누워 뒹굴기도 하네요. 마음껏 뛰어놀 만한 변변한 공원이나 운동장이 없는 모양입니다. 바로 옆으로 자동차와 전차가 다녀서 자칫 사고가 나지 않을까 걱정됩니다. 직접 묘사되어 있지는 않지만, 어쩐지 뒤편의 더 깊은 골목으로 들어가면 쓰레기

더미가 널려 있을 듯합니다. 전형적인 빈민가 광경을 묘사하고 있죠. 화려한 대도시의 어둡고 초라한 이면입니다. 자본주의 사회에서 고층 빌딩이 즐비한 도심을 조금만 벗어나 후미진 골목으로 들어가면 하루살이에 허덕이는 빈곤층이 존재하기 마련입니다. 그림의 제목인 '절벽 거주자'는 임대아파트에 사는 빈민이 마치 절벽에 구멍을 파고 사는 모습과 비슷해서 붙인 이름인 듯합니다.

이 빈민가에서 자란 아이들의 미래를 어떨까요? 미래에는 과연 이 어둡고 열악한 환경에서 벗어나 밝고 성공한 인생을 살아갈 수 있을까요? 이런 때 쓰는 말이 있습니다. 흔히 "개천에서 용 난다."라고 하죠. 가난하고 열악한 환경에서 자랐지만 피나는 노력으로 신분상승을 이루었다는 의미입니다. 그렇다면 이 아이들에게도 노력과 재능만 있으면 장밋빛 미래를 그려볼 수 있을까요? 하지만 그림의 상황만 보면 먼 훗날에도 어쩐지 절벽 거주에서 벗어나기는 힘들 것 같은 우울한 느낌이 듭니다.

오늘날의 우리 사회에서도 노력이나 재능만으로 성공하기란 어쩌면 그림 속의 절벽 거주자들보다 더 어려울지 모릅니다. 오죽하면 금수저와 흙수저라는 구분이 상식이 되고, 삼포세대나 N포세대라는 말이 유행처럼 쓰이고 있으니까요. 금수저와 흙수저는 부모의 부와 지위가 곧바로 자식 세대로 이어진다는 뜻에서 생긴 말이죠. 세대를 이어가며 부가 부를 낳고, 빈곤이 빈곤을 낳는 현상은 점점 더 견고해지고 있습니다.

좀 더 구체적으로 살펴보면 정규직 부모에서 정규직 자녀, 비정규직 부모에서 비정규직 자녀가 나옵니다. 만 15세 이상 35세 미만의 경제활동인구를 대상으로 부모와 자식 간 직업적 지위의 세습 여부를 검증한 몇몇 연구들이 있습니다. 결과들을 살펴보면 한국 노동시장에서 직업적 지위의 세습 구조가 꽤 굳어져 있음을 알 수 있죠. 부모의 비정규직 지위가 자녀의 직업적 지위 결정에까지 영향을 미쳐 세대를 이어 비정규직 노동시장을 전전하고 있다는 뜻입니다.

우리나라에서 노동시장 내 처지는 대기업과 중소기업, 정규직과 비정규직 여부로 정해집니다. 예컨대 대기업 정규직이면 상층, 중소기업 정규직이면 중층, 중소기업 비정규직이면 하층에 속하는 거죠. '88만원 세대'라는 말이 크게 유행했습니다. 청년층 다수가 중소 업체의 비정규직이나 아르바이트 이외에는 취업문이 막혀 있는 현실, 그 결과 최저임금 안에서 살아가야 하는 절망적 현실을 말합니다.

심지어 축구나 야구와 같은 스포츠 분야에서도 예외 없이 비슷한 현상이 나타납니다. 우리의 상식으로는 스포츠 분야야말로 재능이나 노력이 전적으로 중요할 것 같습니다. 스포츠 만화 같은 걸 봐도 주인공은 찢어지게 가난하지만 타고난 능력에 남보다 몇 배 더 땀을 더 흘리며 노력한 끝에 결국 최고의 선수가 되는 결말을 맞게 됩니다. 능력에 더해 열심히 노력하면 얼마든지 나은 미래를 기대할 수 있다는 기대를 갖게 하는 되죠. 하지만 현실은 그리 녹록하지 않습니다.

어릴 때부터 신체 능력이 또래보다 상당히 뛰어난 아이가 있다고 합시다. 초등학생에 들어가서 축구·야구·농구 등 운동부에 정식으로 들어가면 아마도 곧 실망하기 십상입니다. 운동 외의 것들이 자꾸 걸리적거릴 테니까요. 예컨대 경기에 출전하고 실력을 인정받으려면 여러 측면에서 감독의 비위를 맞춰야 합니다. 부모는 거의 매니저가 되다시피 종일 따라다니며 물심양면으로 뒷받침을 해야 하죠. 재능은 있지만, 부모의 지원을 기대하기 어려운 가난한 아이들은 얼마 지나지 않아 극복할 수 없는 현실에 절망합니다.

현실에서는 금수저와 흙수저만 있는 게 아닙니다. 사실 몇 단계의 수저가 더 존재합니다. 은수자·동수저·나무수저 등으로 세분화되어 있죠. 서울의 지역과 집으로 설명하는 게 쉽겠네요. 금수저라면 강남, 은수저라면 목동이나 분당, 동수저라면 주변지역의 집을 소유한 사람쯤이 될 겁니다. 나무수저는 주변지역에 전세로 사는 사람, 흙수저는 아파트 전세조차 감당하기 어려워 단칸방 전세나 월세를 전전해야 하는 사람을 말합니다. 우리 사회의 청년 대다수가 흙수저나 나무수저를 물고 살아갑니다. 그리고 더욱 절망적인 것은 어쩌면 다음 세대에까지 자신의 흙수저나 나무수저를 물려줘야 할지도 모른다는 불안감일 것입니다.

| 기울어진 운동장에서 공정 경쟁은 허구다 |

현재 청년 내에서 '삼포세대', '오포세대', '칠포세대', 'N포세대'라는 말이 유행입니다. '삼포'는 연애·결혼·출산을 포기했다는 의미입니다. 이미 한국의 출산율은 계 최저로 떨어진 지 이미 오래입니다.

출산은 둘째 치고 아예 결혼마저 무리한 욕심이라고 생각하는 분위기가 만연해 있습니다. 심지어 청춘이 당연히 누리는 낭만적인 연애조차 사치라고 여기는 젊은이들이 적지 않다고 합니다.

연애·결혼·출산을 포기했다는 건 인간으로서 가장 기본적인 욕망을 내려놓아야 할 만큼 삶이 팍팍하다는 얘기죠. 그런데 '삼포'에서 그치지 않습니다. 여기에 내 집 마련과 인간관계 두 가지를 더 포기한 '오포', 오포에 희망과 취미까지 포기한 '칠포'가 있습니다. 이 정도까지만 해도 희망의 싹을 찾아내려면 전자현미경이라도 들이대야 할 것 같은데, 이제는 아예 'N포'라는 말까지 등장했습니다. 도대체 무엇을 더 포기해야 한다는 말일까요? 노력과 재능이 진실로 성공의 열쇠라면 청년들 사이에 이런 끔찍한 표현이 스스로를 상징하는 말로 쓰일 리 없겠죠.

사다리 위로 오를 기회가 있다는 말에 실낱같은 희망을 걸고 오늘도 수많은 청년들이 혼신의 힘을 기울여 자신의 경쟁력을 끌어올리려 발버둥을 치고 있습니다. 하지만 아무리 버둥거려도 제자리를 맴돌거나 심지어 자꾸만 아래로 추락하는 현실 앞에서 절망감에 휩싸이죠. 경쟁을 위해 출발선에 서기도 전에 이미 승부가 결정되어 있다는 불신이 그들 사이에 이미 팽배한 것입니다.

실제로 우리나라 사람들 대다수가 '세습사회'에서 살고 있다고 생각합니다. 수저로 계층과 계급을 구분하는 현상을 누구도 부정하지 못할 정도이지요. 〈시사저널〉이라는 잡지의 여론조사 결과를 보면 국민 10명 중 9명은 부와 지위가 대물림되는 세습사회라고 생각한다고 답했습니다. 82퍼센트가 "한국 사회는 개인이 열심히 노력해도 계층을 이동하기 어렵다"는 의견에 동의하고 있는 거죠.

이런 사회라면 태어나는 순간 이미 승부가 결정되어 있는 것이나 마찬가지입니다. 사회의 구조나 체계가 특정 집단이나 계층에게 유리하도록 편향되게 만들어져 있기 때문입니다. 그런 상태라면 한 개인이 아무리 열심히 뛴다고 해도 역부족입니다. 사회 자체가 이미 기울어진 운동장이기에 세습의 덫을 넘어서기 어렵다는 뜻입니다.

'기울어진 운동장'이라는 말이 혹시 어디에서 유래된 건지 알고 있나요? 이 말은 축구경기에서 유래된 것인데, 스페인 축구의 최강자 FC바르셀로나 때문에 생겼죠. 다른 축구팀들이 FC바르셀로나와의 경기에서 계속 지면서 농담처럼 핑계를 만들어냈거든요. 즉 선수들이 FC바르셀로나와의 경기에서 질 때마다 "운동장이 기울어져 있어서 저 팀은 이길 수가 없어!"라는 우스갯소리로 둘러댔습니다. 기울어진 운동장 아래편에서 아무리 상대편 골대가 있는 위쪽으로 공을 찬다고 해도 공은 결국 우리 편 골대인 아래로 다시 굴러 내려오겠죠. 기울어진 운동장에서 상대의 골문을 열기란 요원합니다. 이것이 점차 의미가 확장되어 현재는 공정한 경쟁을 할 수 없는 부당한 사회적 상황이나 사회질서를 비유적으로 일컫는 말로 사용되고 있는 것입니다.

만약 축구나 야구 경기에서 사전에 승부가 정해져 있다면 선수들과 관중은 어떤 반응을 보일까요? 패배한 쪽에서는 경기 결과에 승복하지 않을 것입니다. 관중들도 일종의 '승부조작'이라며 경기를 인정하지 않겠죠. 대부분 부당한 경쟁 조건에 항의하며 경기 자체를 무효라고 주장하고, 나아가 기울어진 운동장을 만든 사람들을 범죄자로 규정하고 처벌을 요구할 것입니다. 하물며 우리 삶에 직접 영향을 미치는 교육과 취업과 연관된 불공정 경쟁이라면 더욱 심각하지 않나요? 이러한 불공정한 경쟁 조건을 방치한다면 결코 정상적인 경쟁이라고 볼 수 없죠.

공정은 차별적인 경쟁 조건을 정상으로 되돌리는 데서 시작되어야 합니다. '비정상의 정상화'라는 말을 한 번쯤 들어보았을 것입니다. 스포츠 경기에서도 이를 보완하기 위해 여러 조치를 합니다. 운동장 상태나 햇빛의 불리함 등을 해결하기 위해 유리하거나 불리한 조건을 공평하게 분담합니다. 관객의 응원도 경기에 적지 않게 작용하므로 홈경기와 어웨이 경기를 번갈아 함으로써 보완하죠.

마찬가지로 사회에서 교육과 취업 등과 연관된 경쟁은 그저 단순이 이기고 지는 문제가 아니라 우리 모두의 생존에 관련된 문제입니다. 그렇기 때문에 더더욱 공정한 경쟁 조건을 마련하는 일은 시급합니다. 우리 모두가 관심을 기울여야 하는 이유이기도 하지요. 모두의 관심에서 멀어지면, 아무도 이 문제에 대해 관심을 갖지 않을 것입니다. 그렇게 기울어진 운동장에서 체념하듯 경기를 치를 수밖에 없다는 뜻이죠. 공정한 세상, 좋은 세상을 만드는 시작은 우리 모두의 관심에서 시작되는 것입니다.

세습되는 학벌과 끊어진 사다리

프랑수아 부셰 〈점심식사〉 1739년

François Boucher, 1703~1770

| 태어난 순간부터 특권이 보장된 사람들 |

프랑스 로코코 미술을 대표하는 화가 프랑수아 부셰François Boucher, 1703~1770의 〈점심식사〉는 어느 부유한 가정의 평화로운 한때를 묘사하고 있습니다.

그림의 왼쪽에 얼핏 보기에도 높디높은 창문과 중앙에는 웅장한 장식으로 가득한 벽, 정교한 조각이 새겨진 고급스러운 가구, 벽에 고정된 촛대와 시계, 벽난로 위의 대형 거울 등이 눈에 들어옵니다. 그 밖에도 중국산 칠기 식탁, 장식장에 놓인 중국산 도자기 인형은 당시 유럽 상류층 사이에서 유행하던 중국 유물 풍조를 보여줍니다. 지금까지 열거한 것들은 모두 하나같이 엄청난 부를 쌓아야만 소유하고 누릴 수 있는 것들입니다. 대저택이니 아마도 이렇게 호화롭게 치장된 방이 여러 개일 듯합니다.

여유롭게 차와 디저트를 즐기는 사람들의 표정이 참으로 평온합니다. 앞서 소개한 벨로스의 〈절벽 거주자〉 속의 인물들과는 분위기가 사뭇 다르죠. 빨간 숄을 두른 엄마가 인형 놀이를 하고 있는 오른편의 아이를 지긋이 바라봅니다. 화려한 드레스를 입힌 인형과 목마가 보입니다. 젊은 남성이 서서 은제 주전자를 이용해 차를 따라주고 있습니다. 그 아래로는 유모가 간난 아기를 돌보고 있습니다. 짐작컨대 상당한 부를 축적한 귀족이나 사업가 집안일 테지요. 로코코 미술은 궁정과 귀족, 상층 자산가의 호화스러운 일상을 장식적인 묘사를 통해 실현하던 경향입니다.

바로크미술과 로코코미술

바로크미술(Baroque)은 1600~1750년 사이 유럽의 미술양식을 , 로코코미술(Rococo art)은 17세기부터 18세기 후반 사이에 유행한 유럽의 미술양식입니다. 바로크란 포루투칼어의 barroco, 즉 '비뚤어진 진주'라는 뜻이며, 로코코의 말의 어원은 rocaille로, 이것은 조개껍데기 세공이나 모양을 가리킵니다.

바로크의 어원에서 짐작할 수 있지만, 19세기 독일 미술가들이 르네상스 시대의 우아함을 비틀고 변칙한 것으로 바로크를 해석한 견해를 반영한 것으로, 현대에도 여전히 르네상스의 대립 개념으로 사용되곤 하지만, 그보다는 르네상스와 바로크를 근대미술의 2대 정점으로 보는 견해가 지배적이죠.

로코코는 원래 귀족사회의 생활을 미화하기 위해 고안된 장식이나 공예품 등에 대해 사용되던 말입니다. 여기에 로코코 미술은 17세기 바로크 미술의 조형요소를 일정 부분 계승하고 있기 때문에 어떤 면에서 보면 바로크의 연장 또는 변형이라고 보기도 하죠. 다만 바로크 미술에 비해 세련미나 화려한 유희가 돋보입니다. 바로크 미술이 일반적으로 남성적이라고 여겨진다면 로코코미술은 좀 더 여성적이고 감각적인 편입니다. 또한 중후한 느낌의 바로크미술에 비해 경쾌하고 화려한 특징이 있습니다.

벨로스의 〈절벽 거주자〉에 나오는 빈민가 아이들과 달리 이 집에서 태어난 아이들의 미래는 이변이 없는 한 풍요로운 생활이 보장되어 있습니다. 당시의 사회구조와 제도에 의해 자동적으로 지위와 부가 자식 세대로 세습되니까요. 동서양을 막론하고 전통사회는 신분사회였죠. 소수 귀족과 다수 평민으로 분리된 신분에 얽매인 채 평생을 살았고, 고스란히 자식 세대로 대물림되었습니다.

신분제도는 프랑스대혁명을 비롯한 근대 시민혁명을 통해 드디어 폐지됩니다. 많은 사람이 신분제만 사라지면 그간의 모든 불공정한 문제가 해결되리라는 기대를 가지고 신분제를 폐지하는 데 자신의 목숨까지 받쳐가며 희생했습니다. 그러한 고귀한 희생을 통해 마침내 신분제는 역사 속으로 사라지게 됩니다. 하지만 안타깝게도 평등한 사회가 시작된 것은 아닙니다. 신분 세습이 사라진 이후에도 극단적인 빈부격차나 차별이 사라진 것은 아니니까요. 평민의 고단하고 빈곤한 삶은 여전했습니다. 당연히 국민의 압도적 다수인 빈민·노동자·농민의 불만이 폭발했고, 이는 줄줄이 혁명적 행동으로 이어졌죠.

| 교육을 통해 사다리를 오르려는 사람들 |

혁명 이후에 노예제도나 귀족제도 같은 신분제가 사라지기는 했지만, 귀족이나 사업가와 같은 부유층이 자신들의 모든 특권을 그리 쉽게 내려놓을 리 없습니다. 그래서 평범한 사람들이 당장은 가난 때문에 고통을 겪을지언정 자식 세대는 좀 더 나은 상태로 살아가기를 바라는 희망으로 고단함을 달래도록 교육이라는 기회를 제공함으로써 불만을 줄였습니다. 실제로 교육을 통해서 부모의 과거

생활보다는 나은 조건이 어느 정도 만들어지기도 했습니다. 그렇기 때문에 오랜 동안 교육은 신분상승 기대를 충족시켜줄 가장 중요한 매개로 간주되어왔던 것입니다.

그렇게 꽤 오랜 시간 교육은 사회적 불평등을 완화하는 가장 중요한 통로가 되었죠. 노력과 재능만 있으면 교육을 통해 어느 정도 부와 지위의 상승을 이룰 수 있었으니까요. 비록 상대적이긴 하지만 평등의 수준을 어느 정도 높이는 데 교육이 기여한 점은 분명합니다. 현재에 이르기까지 자유시장경제를 추구하는 대부분의 나라에서 교육은 신분상승의 주요 사다리로 여겨져 왔습니다.

우리나라도 마찬가지입니다. 해방 이후 신분제가 사라지자 사람들은 어떻게 해서든 좀 더 나은 지위로 나아가기 위해 자식 교육에 매달렸죠. 농사를 짓던 가난한 부모님들은 소와 논마저 아낌없이 팔아서라도 자식을 대학에 보내려 했습니다. 그리고 이들 중에 새롭게 중산층 대열에 들어선 사람이 적지 않습니다. 이들의 성공 신화는 사람들에게 능력과 노력만 있으면 성공할 수 있다는 믿음을 심어주며 사회를 지탱하게 만들었죠.

그래서 1948년의 〈세계인권선언〉 제26조에서는 "대학교육은 다른 차별 없이 오직 학업 능력이 있느냐 없느냐 여부만 따져서 모든 사람에게 똑같이 개방되어야 한다."라며 공정사회의 핵심원리로 제시합니다. 우리나라 《헌법》도 제31조에서 "모든 국민은 능력에 따라 균등하게 교육을 받을 권리를 가진다."라며 공평한 사회를 위한 통로로 '교육'을 강조합니다.

하지만 '능력이 있느냐 없느냐 여부'라든가 '능력에 따라'라는 단서에서 알 수 있듯이, 이는 엄밀히 말해 제한적·상대적인 의미의 반쪽짜리 평등입니다. 능력과 노력이 있으면 더 올라가고, 없으면 자신의 부족을 인정하고 그쳐야 한다는 것입니다. 하지만 우리가 잊지 말아야 할 것은 "균등하게 교육을 받을 권리"를 국가가 보장해야 한다는 점입니다. 차별 없이 똑같이 개방되어야 하죠. 학업 능력 여부만이 결과에 영향을 미쳐야 합니다. 그 외에는 어떤 요인도 작용해서는 안 됩니다. 만약 이를 충족시키지 못한다면 국가의 역할을 이행하지 못한 셈입니다. 하지만 현실은 어떤가요? 실제로 교육은 학업 능력 이외에도 여러 가지 요소의 영향을 받습니다. 예컨대 남녀 성 차이, 사회적 지위, 경제적 능력, 부모의 지위, 종교의 종류나 유무, 거주지역 등이 있죠.

우리 헌법에 의하면 만약 부모의 재력이나 지위로 인해 만들어진 능력의 차이 때문이라면 결코 정당하다고 볼 수 없습니다. 또한 도시나 시골처럼 지역 차이에 의해 능력을 계발할 기회가 차별당한 조건에서 만들어진 능력 차이 역시 정당할 수 없죠. 그렇기 때문에 국가는 헌법에 따라 교육 전반에서 타고난 능력 이외의 요소가 작용하지 못하도록 법을 제정하고, 정책 수립과 집행을 해야 하는 것입니다. 교육은 사회가 개인에게 보장하고 있는 거의 유일한 상승의 사다리입니다. 따라서 사회의 다른 요소에 대해서는 일정하게 세습 경향이 있는 것이 어쩔 수 없다고 해도, 반드시 교육만큼은 세습 경향이 나타나서는 안 된다는 원칙이 지켜져야 합니다.

| 오히려 교육이 세습의 핵심 통로가 되다 |

원칙이라면 반드시 지켜져야 하는 것이 마땅하지만, 안타깝게도 최근 우리의 현실은 헌법이 정한 원칙과는 사뭇 다른 것 같습니다. 학력의 대물림 현상은 날이 갈수록 심화되고 있으니까요. 이것은 단순한 추측이나 일방적인 주장이 아니라 각종 연구가 뒷받침하고 있는 엄연한 사실입니다. 한국보건사회연구원의 〈사회통합 실태진단 및 대응방안〉에 따르면 학력을 매개로 한 계층의 고착화 현상이 두드러집니다. 아버지가 대학 이상의 고학력일 때 자녀의 고학력 비율도 수십 년 사이에 꾸준히 높아져 현재는 거의 90퍼센트에 이릅니다. 이는 곧바로 직업을 둘러싼 지위로 이어지죠. 대부분의 사람이 연봉이 높고 안정적인 관리전문직 분야에서 일하기를 원합니다. 아버지 직업이 관리전문직이면 아들도 관리전문직인 비율이 42.9퍼센트로, 평균인 19.8퍼센트의 2배가 넘습니다. 교육에 의해 지위가 세습되는 사회임을 보여주는 지표입니다.

부모와 자녀의 학벌 및 소득 수준이 깊은 상관관계가 있음은 다른 연구에 의해서도 자주 밝혀졌습니다. 한국의 부모라면 자녀가 대학에 진학할 때 이른바 '인 서울'에 안착하기를 바랍니다. 한국교육개발원의 조사에 의하면 부모 소득이 500만 원 이상일 경우 자녀가 서울 4년제 대학에 진학하는 비율이 약 25~30퍼센트입니다. 이에 비해 부모 소득 200만 원 이하의 경우 자녀의 서울 4년제 대학 진학률은 겨우 약 7~8퍼센트에 불과하다고 합니다.

신분상승의 상징처럼 여겨온 의과대학 진학을 보면 상황은 훨씬 더 심합니다. 한국장학재단의 〈2018년 전국 대학교 의학계열 학생 소득분위 현황 분석〉에 따르면 서울 주요대학 의과대학 재학생 중 고소득층에 해당하는 9·10분위 학생이 55퍼센트에 달합니다. 기초생활수급자부터 4분위까지 저소득층은 24퍼센트, 5분위부터 8분위까지 중위소득은 21퍼센트입니다. 인구 비율상 고소득층이 극소수라는 점을 고려할 때, 부모의 지위가 자녀의 학력에 얼마나 결정적인 영향을 주는지 충분히 짐작할 수 있습니다.

한국개발연구원KDI의 조사에 따르면 우리 국민의 다수는 학벌이 세습되고 있다고 생각하는 것 같습니다. '부모의 경제력이 명문대학 진학에 큰 영향을 미치는가?'라는 질문에 '매우 그렇다' 32.3퍼센트와 '약간 그렇다' 52.9퍼센트를 합해 85.2퍼센트에 이르니까요. 같은 질문에 대해 일본이 각각 14.8퍼센트, 41.8퍼센트이고, 중국이 16.6퍼센트, 45.2퍼센트인 것과 비교하면 아주 높은 수치입니다. 참고로 우리의 경우 '별로 그렇지 않다'와 '전혀 그렇지 않다'는 비율은 고작 3.8퍼센트와 0.9퍼센트에 불과합니다.

한국 사회에서 명문대를 중심으로 한 학벌이 기득권을 유지하는 수단이 된 지는 이미 오래입니다. 서울대 합격생 중 강남을 비롯한 부유층 출신이 압도적 비중을 차지하는 것만 봐도 잘 알 수 있습니다. 학벌 세습이 고착화됨으로써, 부와 지위의 세습 완화 기능을 기대하던 교육이 이제는 오히려 사실상 신분 세습의 주요 통로가 된 셈입니다. 모두에게 똑같이 제공되는 공교육에 의지하는 것만으로는 대학 서열화의 꼭대기에 있는 명문 대학에 진학하기가 점점 더 어려워지고 있습니다. 노력으로 신분상승의 꿈을 이룰 수 있을 거라는 기대는 이제는 거의 불가능에 가깝고, 부모의 부富가 교육을 매개로 세습되는 사회가 되고 말았습니다.

이는 비단 한국만의 독특한 현상은 아닙니다. 무한 자유경쟁을 강조하는 미국에서도 비슷한 양상이 나타나고 있죠. 미국은 혈연관계를 통해 지위와 부를 대물림하는 사회를 타파하고, 개인의 능력에 따른 경쟁을 중시하는 능력주의 사회임을 자부해왔습니다. 하지만 현재 미국의 상류층은 교육을 통해 스스로를 재생산하고 있습니다. 예컨대 그들은 소위 뉴잉글랜드의 유명한 기숙학교·사립학교에 다니려는 경향이 뚜렷하게 나타납니다. 과거에 가문의 혈통이 갖는 권위를 이제 명문 학교로 이어가고 있는 셈이죠.

| 기회의 공정과 결과의 정의를 위하여 |

이 모든 것은 결국 뼈대 있는 가문과 신흥 가문이 소위 명문학교를 통해 상류층 일원이라는 유대를 형성하는 것입니다. 사립학교는 전국에서 상류층이 몰려들어 통합의 영향력을 발휘하는 힘입니다. 그래서 단순히 명문 대학만 나와서는 온전히 그들의 세상에 들어갈 수 없습니다. 명문 사립 고등학교 출신이어야 진정한 법조계·경제계의 인사이더로 자리 잡을 수 있다는 뜻입니다. 바로 그 인사이더들이 현실에서 미국의 정치·경제·법을 움직이는 중심 세력으로 자리 잡고 있는 거죠.

문제는 우리나라가 지구상의 어느 나라보다 학벌 세습이 심각하다는 데 있습니다. 이 말은 교육이 사회적 격차와 차별을 좁히는 데 기여하는 것이 아니라 오히려 그 폭을 확대하는 역할을 하고 있다는 뜻입니다. 교육마저 격차 확대 요인으로 작용함으로써 자본주의 불평등을 보완할 방법은 요원해지고, 누구에게나 평등한 기회를 준다는 말은 앙상하고 볼품없는 변명으로만 남게 되었습니다. 미래사회에 이러한 불평등이 당연시되고, 오히려 지금보다 불평등이 더욱 심화된다면 참으로 암울하기 짝이 없을 것입니다. 그렇기 때문에 타고난 환경 조건과 무관하게 누구나 평등한 기회를 가질 수 있는 세상, 즉 누구에게나 공정한 기회가 주어지고 결과 또한 정의로운 세상에 조금이라도 가까워지도록 우리 모두가 머리를 모아야 하지 않을까요?

왜 자꾸 좁은 병목을 통과하라고 강요하는가?

움베르토 보치오니 〈갤러리아에서의 소동〉 1910년

Umberto Boccioni, 1882~1916

| 좁디좁은 통로로 내몰리는 사람들 |

이탈리아 미래주의 미술의 대표자로 꼽히는 움베르토 보치오니 Umberto Boccioni, 1882~1916의 〈갤러리아에서의 소동〉은 얼핏 상황이 한눈에 들어오지 않습니다. 일단 수많은 사람이 등장해서 복잡하고, 집단적으로 흥분된 상태에 다소 어지럽고 혼란스러운 분위기입니다. 수많은 사람들이 카페 간판이 보이는 건물 앞으로 우르르 모여드는데, 놀라거나 환호하는 모습으로 두 손을 번쩍 들고 달리는 사람도 꽤 있습니다. 대체로 화려한 외출복 차림입니다. 자세히 보면 살짝 열린 문 앞에서 두 명의 여성이 몸싸움을 하며 다툽니다.

마치 소용돌이 속으로 빨려 들어가는 듯한 속도감이 느껴집니다. 이는 미래주의 미술의 가장 큰 특징이기도 하죠. 미래주의는 20세기 초반의 예술운동으로, 기성 예술을 '과거주의'라고 반대하고 현대 물질문명의 역동성을 추구합니다. 특히 속도에서 오는 황홀감에 주목하여, 움직이는 '대상'보다 대상의 빠른 '움직임'을 강조하죠.

제목에서 '갤러리아'란 유리 지붕으로 된 넓은 통로가 있는 상점가를 지칭하는 말입니다. 보통 아치형의 지붕이 쭉 이어져 있고, 통로를 따라 양쪽으로 상점이 즐비하죠. 아케이드 상점가라고 부르기도 합니다. 이 그림에서 묘사된 장소는 이탈리아 밀라노의 유명한 '비토리오 에마누엘레 2세 갤러리아'입니다. 밀라노 대성당 인근의 5층짜리 대형 아케이드죠. 유리와 철골조를 사용한 최초의 대형건물이고, 20세기 초반에 가스등을 자동으로 점등하는 나름 첨단(?)

시스템을 갖추고 있었습니다. 지금도 밀라노 여행객이라면 꼭 한번 들러볼 만한 필수 코스가 된 쇼핑센터입니다. 화가가 이 그림을 그리던 당시에도 이곳은 이탈리아의 산업과 상업 중심지인 밀라노에서 쇼핑의 대명사였습니다.

이러한 점을 고려하면 그림의 상황을 조금은 더 구체적으로 추측해볼 수 있을 듯합니다. 요즘으로 치면 한정판 모델이나 신상 스마트폰처럼 사람들이 학수고대하던 상품이 출시되는 날이었을까요? 어쩌면 쇼핑몰이 재개장하는 기념으로 선착순으로 비싼 사은품이라도 나눠주는 날이었을지도 모르겠군요. 아무튼 그림처럼 순식간에 엄청난 인파가 비좁은 통로로 몰리게 되면 아수라장이 되기 쉽습니다. 서로 이리저리 밀리는 와중에 시비가 붙어 격한 다툼으로 이어지기도 하죠. 유명 백화점에서 대규모 세일 행사를 할 때 발 디딜 틈 없이 인파가 몰려드는 현상을 종종 겪어본 우리들로서는 그리 낯선 광경이 아닙니다.

결국 이 그림은 좁디좁은 문에 수많은 사람들이 한꺼번에 몰릴 때 나타나는 일종의 **병목현상**의 혼란을 묘사한 것이라고 할 수 있겠군요. '병목현상'은 일반적으로 병의 목 부분이 좁아서 물을 따를 때 막히는 현상을 말합니다. 보통 교통 상황을 설명할 때 자주 사용되죠. 넓은 도로에서 갑자기 도로가 좁아지면 많은 차량들이 쉽게 빠져 나가지 못하고 정체와 교통 혼잡이 빚어질 때 사용됩니다. 마찬가지로 수많은 사람이 쇼핑센터의 좁은 통로로 몰려든다면 극심한 정체와 혼잡스러운 상황이 만들어지겠죠.

보치오니의 그림에서 만나는 속도감과 병목현상을 떠올리게 하는 이미지는 오늘날 우리가 맞닥뜨린 현실을 생각하게 합니다. 마치 소용돌이 속으로 빨려 들어가는 것 같은 속도감은 무한경쟁 속에서 전속력으로 질주하는 우리의 모습이 연상되는 것 같습니다. 경쟁 사회에서 개인은 남보다 조금이라도 앞서기 위해 전력을 다해 달려야 하죠. 빨리빨리가 한국을 상징하는 대명사처럼 사용되는 것도 우리의 현실을 반영합니다.

그런데 병목현상을 연상시키는 이미지가 오늘날 젊은 세대의 처지로도 연결됩니다. 그들을 옭아매는 아픔의 사회적 원인과 밀접한 연관이 있으니까요. 우리는 모두 인생에서 성공에 도달하기를 간절히 원합니다. 그런데 성공이란 과연 무엇일까요? '성공成功'이란 말을 사전에서 찾아보면 "목적하는 바를 이룸"이라고 나옵니다. 결국 사람들이 자신이 인생의 목적으로 삼았던 것을 성취한 상태를 가리킨다는 뜻이지요.

그런데 상식적으로 생각해보면 사람마다 인생의 목적은 제각각입니다. 어떤 사람은 돈을 많이 버는 게 곧 성공이라고 생각합니다. 또 돈보다 정치적인 권력이나 지위에 더 많은 가치를 두는 사람도 있습니다. 한편 비록 좀 가난하게 살더라도 학문이나 예술적인 성취에서 자신이 살아 있음을 느끼는 사람도 있습니다. 돈이나 지위에는 무관심한 채 늘 새로운 환경이나 도전을 마주하는 데서 인생의 목적을 찾는 사람도 있죠. 오지든 사막이든 가리지 않고 발걸음이 닿는 대로 자유롭게 떠도는 삶을 꿈꿉니다.

좀 더 소박한 소망을 가진 사람도 적지 않습니다. 우리 주변에서 보면 부유하지는 않더라도 단란한 가정을 꾸미고 유지하는 것을 인생의 큰 기쁨으로 여기는 사람이 꽤 있습니다. 혹은 어려운 처지에 있는 사람과 공동체에 더 많은 이익을 주는 활동에서 보람과 성공을 찾는 사람들도 있습니다. '그린피스'를 비롯한 환경운동단체에서 활동하는 사람, '국경없는의사회'나 각종 빈곤퇴치기구에서 활동하는 사람들처럼 말이죠.

| 병목 강요가 다수를 불행하게 한다 |

사람마다 가치 있게 생각하는 것, 중요하다고 생각하는 목적 등이 제각각인 만큼 당연히 성공의 길도 다양해야 하지 않을까요? 그런데 어찌된 일인지 현대사회에서 성공의 길은 그리 다양해 보이지 않습니다. 성격이나 취향이 다양하고 살아가는 방법이나 인간관계의 복잡성에도 불구하고 성공의 길은 오직 하나일 뿐이라는 사고방식이 사회 전반을 지배하고 있는 거죠.

우리나라에서 성공 모델로 제시되는 라이프스타일을 한번 살펴볼까요? 보치오니의 그림에 나오는 갤러리아처럼 크고 화려한 백화점에서 시즌마다 그럴듯한 최신 명품을 척척 구입하고, 최고급 레스토랑에서 음식값에 구애받지 않고 외식을 즐기는 수준은 되어야 성공했다고 인정됩니다. 또 화보나 광고 속에 등장하는 번쩍번

쩍한 고급 브랜드의 자동차 정도는 몰아야 하죠. 이를 실현하는 방법은 오직 하나뿐입니다. 높은 연봉을 보장하는 안정된 직장만이 더 화려한 소비를 가능하게 함으로써 다른 사람들로 하여금 우리를 성공한 사람으로 평가하게 한다는 분위기입니다.

그래서인지 요즘에는 부자를 성공과 동의어로 여기는 청소년도 꽤 많습니다. '돈'이라는 하나의 통로만이 형성된 셈이죠. 벼락부자까지는 아니어도 최소한 중산층 이상의 생활을 유지할 수 있는 연봉, 이를 퇴직 연령까지 받을 수 있는 안정된 일자리를 원합니다. 이런 기준에 따르면 상대적으로 높은 연봉을 보장하는 대기업이나 은행, 혹은 안정적으로 정년을 보장하고 연금 조건이 좋은 공무원은 성공의 잣대에 포함됩니다. 사법고시를 사시로, 외무고시를 외시로, 행정고시를 행시로 부르듯이 오죽하면 요즘에는 공무원 시험을 공시로 부르고 있습니다.

심지어 국가마저 이를 유일한 통로로 부추기는 면이 적지 않습니다. 성공의 기회 구조를 국가가 사실상 하나로 정해놓고 관리하니까요. 중학교와 고등학교를 거쳐 대학으로 가는 경로를 관리합니다. 국가는 입시정책 명목으로 제도를 통해 개입합니다. 내신 시험이나 각종 서류를 통해 관리하고, 입시 절차와 방법에도 적극 관여합니다. 국가가 제도와 권위를 이용하여 성공 통로를 획일화하는 역할을 하고 있는 셈입니다.

부모로부터 대단한 재산을 물려받지 않는 한, 모든 청소년은 고등학교에서 대학교로 이어지는 교육경로를 악착같이 통과해야만 합니다. 대졸과 고졸 또 사무직과 생산직, 대기업과 중소기업, 정규직과 비정규직 사이에는 임금과 안정성 격차가 극심하기 때문이죠. 그래서 무슨 수를 쓰든지 대학을 나와, 대기업의 정규직 사무원이나 공무원으로 취업하는 좁은 문을 통과하려고 안간힘을 쓰는거죠. 하지만 워낙 병목이 좁기 때문에 그냥 대학만 나와서는 곤란합니다. 이른바 '스카이'나 '명문'으로 불리는 극소수 대학을 나와야하죠. 이를 위해 어린 시절부터 국가가 인정한 시험 성적 줄 세우기에 기꺼이 동참합니다.

우리나라처럼 국가가 시험과 자격을 통해 교육경로를 통제하고 획일성을 목표로 삼을 때 병목현상은 한층 심화될 수밖에 없습니다. 물론 미국이나 유럽을 비롯한 다른 산업사회에서도 일정하게 병목현상이 나타납니다. 문제는 우리나라에서 특히 더 극심한 양상으로 나타난다는 점입니다. 미국이나 유럽 주요 국가의 경우 그나마 달리 선택할 병목이 몇 개는 있습니다. 우리에 비해서는 그나마좀 더 선택지가 다양하다는 뜻입니다. 하지만 우리나라는 단지 성공적인 대학입시와 대기업·공무원 정규직 입사로 이어지는 단 하나의 병목만이 주어진 셈이죠. 게다가 상위 몇몇 대학과 십여 개의대기업으로 성공의 길이 제한된다는 점에서 다른 나라에 비해 병목이 훨씬 더 좁기도 합니다.

하나의 좁은 통로만이 강요되는 사회일수록 대다수 개인은 불행할 수밖에 없습니다. 좁은 통로를 통과하는 극소수를 제외하고, 통과할 수는 없는 나머지 대부분은 낙오자 신세가 되니까요. 백 번 양

보하여 낙오자까지는 아니라도 왠지 남보다 열등하다는 자괴감을 평생 안은 채 살아가야 합니다. 심지어 자신의 능력과 노력 부족을 자책하게 만들기도 하죠.

하지만 통로를 통과하지 못한 건 개인의 능력이나 노력 문제가 아닙니다. 왜냐하면 우리의 줄 세우기는 결코 공정한 경쟁이라고 할 수 없기 때문입니다. 무엇보다 개개인의 타고난 능력이나 다양성을 무시한 획일적 기준을 적용한 불공정한 경쟁이며, 또한 노력과 별개로 타고난 가정환경 조건이 크게 영향을 미치는 불평등한 경쟁입니다.

축구선수에게 야구경기를 뛰라고 할 순 없습니다. 한 사회에 뛸 수 있는 다양한 경기가 있고, 각자의 재능과 취향에 맞게 참여할 수 있을 때 비로소 최소한의 공정한 경쟁이 가능한 것입니다. 하지만 사회가 한 종류만으로 경기 종목을 획일화시켜 놓고, 반드시 여기에서 승리하라고 유도한다면 누군가는 자신과 전혀 맞지 않는 경기에 억지로 나가야 합니다. 자신과 맞지도 않고 원치도 않는 경기에 무조건 참여해야만 한다거나, 자신이 원하는 경기에 참여할 수 있는 길은 제도와 강력한 사회적·문화적 상황에 의해 꼭꼭 닫혀 있다면 결코 공정한 경쟁이라고 할 수 없지 않을까요? 또한 그 안에서 다수는 불행한 삶을 살아갈 수밖에 없을 것입니다.

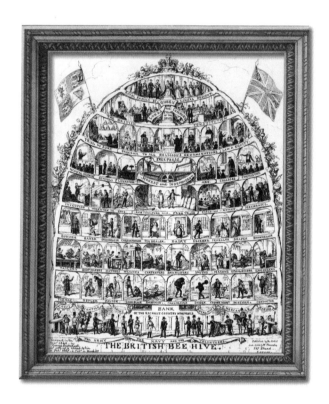

어떻게 해야 공정한 경쟁이 가능한가?

조지 크룩생크 〈벌집 영국〉 1840년

George Cruikshank, 1792~1878

| 견고한 칸막이 속에 갇혀 있는 경쟁 |

신랄한 풍자화로 유명한 영국 판화가 조지 크룩섕크^{George Cruikshank,} ^{1792~1878}의 〈벌집 영국〉은 다양한 사회적 계급을 보여줍니다. 여러 부류의 사람들을 벌집 모양을 통해 구분해놓았죠. 위로 올라갈수록 지배세력에 가깝고, 아래로 내려갈수록 가난하고 지위가 낮습니다. 그림이 그려진 시기가 1840년이므로, 신분제가 무너진 이후에 그려진 그림임을 감안하면 혁명 후에도 여전히 수직적인 신분질서에 의해 사회가 움직이고 있음을 보여줍니다.

그림의 맨 위를 자세히 보면 영국 왕족이 자리 잡고 있습니다. 그 아래로 재판관을 비롯하여 사법 영역에서 영향력을 행사하는 사람들이 있죠. 이어서 의학자, 과학자, 교수, 교사, 작가, 예술가 등 정신적인 분야의 전문가들이 보입니다. 바로 아래에 발명가, 건축가, 무역가처럼 조금은 더 기능적인 전문가들의 칸이 존재합니다. 벌집의 중간 정도에 정육점, 빵집, 직물점, 서점 등 상점을 운영하는 주인들이 있고요. 그 밑 부분을 재단사, 제화공, 모자 제조공, 방직공, 벽돌공 등의 기술자가 차지합니다. 그리고 마지막 제일 아래 칸에 마부, 포장공, 구두닦이, 석탄 운반부, 부두 노동자, 청소부, 안내원 등의 단순 노동자들이 배열되어 있습니다.

그런데 화가는 왜 벌집 모양에 각종 지위와 직업을 구분해 넣었을까요? 벌집 구조를 보면 어느 정도 눈치를 챌 수 있습니다. 옆은 기둥으로 구분된 정도여서 이동이 가능합니다. 하지만 위와 아래는 층이 나눠져 있고, 연결하는 계단조차 없어 이동이 전혀 불가능해 보입니다. 그림을 그린 19세기 중반의 영국 사회는 이미 시민혁명을 통해 신분제가 사라지고 조금씩 민주적 절차가 도입되었습니다. 하지만 현실에서는 견고한 신분질서가 여전히 존재한다는 점을 여실히 보여주고 있는 거죠.

앞에서 계속 이야기해왔지만, 우리나라는 한층 더 심합니다. 우리나라의 벌집은 더 많은 층이 위아래로 나누어져 있습니다. 심지어 같은 노동자라도 정규직인지 비정규직인지에 따라 층이 별도로 구분되죠. 또 상점 주인도 대기업 연관성을 가진 상점과 동네 구멍가게는 서로 다른 층으로 구분될 정도로 차이가 아주 큽니다. 또한 각 층을 구분하는 벽도 훨씬 더 두꺼워서 층간 이동은 사실상 불가능에 가깝습니다. 그럼에도 불구하고 사회는 경쟁의 기회를 주었으니 제 할 일을 다 했다는 식으로 말합니다. 나머지는 경쟁에 참여하는 개인이 알아서 해야 할 몫이라고 떠넘기죠. 하지만 정말 경쟁의 기회만 제공하는 것으로 충분할까요? 아무리 기회를 제공한다고 해도 만약 경쟁의 과정이나 조건이 공정하지 않다면 사람들은 경쟁 결과를 쉽게 받아들이려 하지 않을 것입니다.

이해하기 쉽게 스포츠 경기를 예로 들어봅시다. 100미터 달리기 대회를 연다고 가정할 때, 기회의 평등이란 누구든지, 인종과 성별 등을 가리지 않고 100미터 달리기 대회에 참여할 기회를 보장받는 것으로 정의할 수 있습니다. 그런데 막상 출발 신호와 함께 뛰기 시작했는데, 갑자기 자전거나 오토바이를 타고 달리는 사람이 있다면? 혹은 출발 신호가 떨어졌는데, 이미 저 50미터 앞에서 출발하여 달리는 사람이 있다면? 이것이 과연 공정한 경기일까요? 이 경기에 진 사람들이 패배를 깨끗이 인정할 수 있을까요? 분명 경기 자체가 잘못되었다고 비난하면서 승복하지 않을 것입니다. 누가 봐도 공정하지 못한 경기이니까요.

실제로 우리 현실에서는 분명히 오토바이를 타고 달리거나 다른 사람이 달리는 길에 장애물을 설치하는 등의 반칙이 수없이 일어나고 있습니다. 예를 들어 대학입시에서 소수의 부자나 권력자만을 대상으로 특별한 전형을 마련해서 선발하는 경우가 종종 언론에 보도되기도 하죠. 취업 과정에서도 마찬가지 일들이 왕왕 벌어지고 있습니다. 예컨대 국회의원을 비롯한 유력 인사의 자녀를 특별 채용하기 위해서 나머지 일반 경쟁자를 들러리로 세우곤 하죠. 심지어 누구나 동등하다는 군대조차도 부자나 권력자의 자녀들이 각종 명목으로 면제 판정을 받는 경우가 많습니다. 또 면제까지는 아니라도 온갖 힘을 동원해 최대한 편한 보직이라도 받아내곤 하죠.

100미터 달리기 시합인데, 50미터 앞에서 달리거나 결승전 바로 앞에서 달리기 시작하는 사람들도 있습니다. 학생들이라면 입시와 관련하여 처음부터 저 앞에 서 있는 상대와 마주치는 경험을 어렵지 않게 합니다. 부유층은 웬만한 형편의 일반 가정 부모들은 엄두도 못 낼 정도로 값비싼 학비를 자랑하는 영어 유치원에 자녀를 보냅니다. 또 아예 몇 년간 미국으로 조기 유학을 보내 영어를 모국어처럼 익힐 수 있는 환경도 제공합니다. 중등·고등학생 때는 과목

별로 유명 강사의 고액 과외로 시험에 유리한 고지를 선점하죠.

사회에서 사업이나 장사를 할 때도 마찬가지입니다. 각고의 노력끝에 괜찮은 기술을 개발하고 작은 사업을 시작해도 막상 시장에서 성과로 이어지기는 어렵습니다. 돈이 된다 싶으면 큰 기업이 엄청난 자본을 쏟아 부어 순식간에 시장을 장악해버리니까요. 친절한 서비스와 참신한 메뉴로 어렵게 장사 터전을 마련해도 자본을 앞세운 대기업 프랜차이즈의 공세를 당해내기 어렵습니다.

| 공정한 경쟁을 위한 조건은 무엇일까? |

우리가 경쟁의 결과를 받아들일 수 있으려면, 단순히 기회를 제공하는 것만으로는 턱없이 부족합니다. 경쟁 조건이 공평하지 않다면 주어진 기회는 그저 무의미한 형식에 불과할 뿐이죠. 공정성이란 기회에 더해 경쟁에 참여하는 사람이라면 누구나 수긍할 수 있을 정도의 조건이 마련된 상태를 의미합니다. 최소한 공정한 경쟁 조건 아래에서 이루어진 결과라면 우리는 비록 기대에 못 미치는 분배가 이루어지더라도 자신의 노력이나 재능이 부족해서 생긴 결과로 흔쾌하게 인정하게 됩니다. 다시 말해서 공정한 경쟁 조건을 만들어주었음에도 불구하고 노력과 재능의 차이에 의해 나타나는 불평등은 정의로운 불평등이라고 할 수 있습니다.

공정한 경쟁 조건은 어떻게 마련되어야 할까요? 공정한 경쟁 조건이 마련되려면 무엇보다도 첫째, 경쟁 과정에서 반칙이 없어져야 합니다. 시장 경쟁이라고 해서 아무런 규칙이 없지는 않으니까요. 만약 그러하다면 배가 고픈 포식자가 자기보다 약한 피식자를 마구 잡아먹는 약육강식이 지배하는 동물의 세계와 다르지 않습니다. 스포츠 경기에서 심한 반칙을 한 선수에 대해 퇴장을 시키거나 징계를 내리듯이 입시와 취업에서의 반칙에 대해서도 사회가 마찬가지로 강력한 조치를 취해야 합니다. 입시와 취업 과정에서 돈과 권력을 이용하여 불법적인 특권을 누리는 행위가 나타나면 법과 제도로 엄격하게 처벌해야 할 것입니다.

둘째, 공정한 경쟁 조건이기 위해서는 출발선이 같아야 합니다. 적어도 경기에 참여하는 모든 선수가 비슷하게 출발해야 합니다. 입시만 놓고 봐도, 학업 능력은 상당 부분 부모의 경제적인 능력과 깊은 상관관계가 있습니다. 물론 매우 어려운 경제적 조건에서도 열심히 노력하여 좋은 대학에 가고 좋은 직장을 구하는 극소수가 있을 수 있습니다. 하지만 이러한 성공 신화는 말 그대로 극소수이고 특수한 사례일 뿐입니다. 부유한 가정에서 태어나느냐 아니면 가난한 가정에서 태어나느냐는 전적으로 우연의 문제입니다. 한 마디로 운이 결정하는 것이죠. 우연성이 지배하는 사회를 정의롭다고 인정하기는 어렵습니다.

하지만 출발선을 비슷하게 만들기 위해 부유층이 갖고 있던 부를 내려놓으라고 강제할 방법은 없습니다. 제일 좋은 방법은 빈곤한 처지에 있는 사회적 약자들을 배려하여 다른 사람들과 비슷한 출발선에 설 수 있도록 끌어올려 주는 일입니다. 도시의 빈곤층이거나 교육환경이 열악한 지역에 사는 청소년들이 도시의 중산층 자녀들과 경쟁 과정에 차별이 생기지 않도록 배려하는 책무는 국가에게 있습니다.

예컨대 모든 학생이 끼니를 거르지 않도록 보편적 복지의 일환으로 무료급식을 시행하는 정책, 공교육의 질을 높이는 정책, 방과 후에도 누구나 보충학습 도움을 받을 수 있도록 교육방송을 실시하는 정책, 저소득층이나 농어촌 지역 학생을 위한 전형을 마련하는 정책 등이 여기에 해당합니다. 이 밖에도 앞으로 국가 차원에서 출발선의 차이를 실질적으로 좁힐 수 있는 다양한 정책들을 더 마련할 필요가 있습니다. 예컨대 국가가 관리하는 교육 재정을 저소득층 지역의 일반 학교에 상대적으로 더 많이 제공하는 것도 생각해볼 수 있습니다. 또 반부격차에 따른 구조적인 불평등을 개선하기 위해 현재 시행되고 있는 저소득층 전형을 더욱 확대하거나 일정한 범위 내에서 가산점을 주는 방식도 고민해볼 수 있죠.

한층 더 적극적이고 근본적인 발상도 필요합니다. 저소득층이 앞으로의 삶의 전망이 호전될 수 있는 기회로서 교육이 제 역할을 하려면 각자 타고난 능력과 별개로 전국의 학생을 줄 세우는 방식의 입시제도 자체가 바뀌어야 합니다. 최근 입시 관련 일련의 불미스러운 사건들이 이어지면서 뭐니 뭐니 해도 역시 수능이 제일 공정하다는 의견이 목소리를 높이고 있습니다. 하지만 기대와 달리 점수만을 유일한 기준으로 하는 입시야말로 부모의 능력에 좌우될 가능성이 높습니다. 왜냐하면 능력 있는 부모일수록 실제 본인의 노력보다는 족집게처럼 문제를 콕콕 짚어내서 고득점을 보장해주는 사교육에 엄청난 투자가 가능할 테니까요. 또 어떤 방식의 평가든 간에 그것이 각자의 다양성을 무시한 채 모든 학생을 동일한 기준으로 수치화하여 서열화하는 순간, 학교 이외의 다양한 교육자원을 더 많이 활용할 수 있는 또 다른 공간이 열립니다. 그리고 그 공간은 당연히 더 많은 부를 가질수록 유리한 위치를 선점하게 되죠. 우리 인간의 복잡한 능력은 한국의 입시처럼 수능이나 내신 성적으로 모두 환원될 수 있는 것이 아닙니다. 인간 능력을 평가하는 한층 다양하고 폭넓은 기준이 적용되어야 하는 이유입니다.

셋째, 경쟁의 통로를 다양화하여 사회적 병목현상을 완화시켜야 합니다. 현재처럼 경쟁 기회의 구조 자체가 하나로 획일화된 상태에서는 청소년의 고통이 줄어들 가능성은 희박합니다. 하나의 통로만이 있고, 그나마 병목 자체가 극도로 좁아진 사회에서는 경쟁 과정의 공정성을 강화하는 방향으로 조건을 개선해도 문제가 해결되지 않습니다. 과정 이전에 기회구조 자체가 개혁되어야 하는 이유입니다.

경쟁의 통로를 훨씬 더 다원화시키는 방향으로 사회를 바꿔 나가야 합니다. 다시 말해서 좁은 병목을 크게 확장시키거나 아니면 다양한 선택이 가능하도록 병목을 여러 개 만들어야 합니다. 누구나 대학을 가지 않더라도 자신의 꿈을 펼치고 정상적인 생활이 가능하도록 사회가 다양한 활로들을 열어주어야 한다는 뜻이죠. 이를 위해 학력에 따른 임금 격차를 줄이는 정책도 뒷받침되어야 할 것입니다. 유럽은 학력에 따른 임금 격차가 우리처럼 크지 않고, 다양한 분야의 기술자들이 나름의 사회적 존경도 받고 있기 때문에 대학 진학에 우리처럼 인생의 사활을 걸지는 않습니다. 우리 사회도 이러한 방향으로의 개혁과 함께 인식의 전환도 반드시 필요합니다.

청년층이 선호하는 좋은 일자리를 확대하는 것도 중요한 일입니다. 하지만 기업이 좋은 일자리를 확대하는 쪽으로 유도하는 것만으로는 부족합니다. 특히 정보기술의 비약적 발전으로 생산직은 물론 사무직 업무도 상당 부분 자동화되고 있는 상황에서 사기업의 고용확대 기능이 심각하게 약화된 상태이기 때문입니다. 따라서 좋은 일자리를 늘리려면 이제는 공공지출 증대를 통한 국가 차원의 고용확대 노력이 중요합니다. 예를 들어 교육 복지를 강화하여 학급당 학생 인원을 대폭 줄이면 그만큼 교사 수요가 늘어납니다. 또한 의료 복지를 확대하면 관련 전문 인력 수요가 늘어나게 되죠. 경쟁의 통로를 다양화하고 넓히기 위한 구체적인 방법은 더욱 다양하게 고민할 수 있을 것입니다.

물론 이처럼 경쟁의 과정과 경쟁의 구조가 공정하더라도 달리기 대회에서 개인마다 타고난 재능 또는 노력의 차이에 의하여 더 빨리 달리는 사람이 있을 것입니다. 그런 사람은 승자가 될 테고요. 하지만 공정한 경쟁이라면 승자 또한 당연히 승자로서의 이익을 당당하게 누릴 수 있어야 합니다. 과정과 구조가 모두 공정한 경쟁 속에서라면 비록 자신이 뒤처져도 경쟁 결과 자체를 불신하지는 않게 될 것입니다. 그렇다면 노력하는 만큼 미래의 삶을 개선시킬 수 있다는 믿음을 바탕으로 더 나은 내일을 위해 오늘의 자신을 한층 더 계발하고자 할 것입니다. 그런 사회라면 앞에서 얘기했던 노오력을 한번 해볼 만하지 않을까요? 땀흘린 노력이 헛되지 않을 만큼 충분히 가치 있는 도전이 될 테니까요.

"남들이 선망하는 사람이 되면 정말로 행복해질까요?"

THEME #2

유명세를 쫓는 사람들

01

내 꿈은 누가 뭐래도 연예인~

에드가 드가 〈발레 수업〉 1874년

Edgar De Gas, 1834~1917

| 소녀들은 왜 발레리나가 되고 싶었을까? |

인상주의 미술을 대표하는 화가 중 한 사람인 에드가 드가$^{Edgar De}$ $^{Gas, 1834~1917}$의 〈발레 수업〉은 어딘가에서 한번쯤은 본 적이 있을 법한 유명한 작품입니다. 드가는 발레리나의 다양한 모습을 캔버스에 즐겨 담아 '무희들의 화가'라고 불리기도 했죠. 다른 화가들은 춤이 절정에 도달한 순간을 주로 그렸다면 드가는 무대 뒤편의 모습을 자주 담았다는 점에서 특별합니다. 그는 무희들이 무대에서 보여주는 화려한 동작뿐만 아니라, 공연 전 준비나 리허설, 발레리나 지망생들의 연습, 공연 중간의 휴식 등 다양한 순간에 주목했죠.

〈발레 수업〉은 파리오페라발레학교의 연습 시간을 마치 스냅사진 찍듯이 담아낸 작품입니다. 중앙에 지팡이를 짚고 엄격한 자세로 근엄하게 서 있는 노인이 선생이죠. 선생 주변으로 빙 둘러 서서 연습하는 장면입니다. 하지만 여기에 머물렀다면 그저 그런 평범한 그림에 불과했을 것입니다. 그림을 좀 더 자세히 관찰하면 곳곳에 숨어 있는 생동감 넘치는 세밀한 묘사를 확인할 수 있죠.

어떤 모습들이 숨어 있는지 자세히 들여다볼까요? 우선 몇몇 학생은 선생의 지시에 귀 기울이고 있지만, 나머지는 딴청을 피웁니다. 심지어 왼쪽의 소녀는 반복되는 연습에 좀이 쑤시는지 손을 뒤로 돌려 등을 벅벅 긁고 있는 모습입니다. 문에 기대고 있는 소녀는 마치 코를 후비적거리듯 만지고 있네요. 앞의 소녀는 강아지가 와서 재롱을 떨려고 하지만 연습에 지쳐 관심이 없는지 고개를 돌려 인상주의(impressionism)는 미술에서 시작하여 음악과 문학 등 다양한 분야로 퍼져나갔습니다. 인상주의 미술은 색채와 색조, 질감 등이 특징적이죠. 드가, 모네, 세잔, 고갱, 고흐 등이 대표적인 인상주의 화가로 꼽힙니다. 이들 인상주의 화가들을 가리켜 흔히 '빛의 마술사'라 칭하기도 하는데, 이들이 빛과 함께 변화하는 색채의 변화 속에서 신비한 자연을 객관적으로 묘사했기 때문일 것입니다.

외면합니다. 선생의 시선에서 좀 떨어진 구석진 곳에 앉아 있는 아이들은 친구와 잡담을 나누는 데 여념이 없습니다.

이러한 흥미로운 세부 묘사를 통해 현실감이 한층 생생하게 살아납니다. 수업 중의 초등학교나 중학교 교실을 떠올려보면 금세 고개가 끄덕여질 것입니다. 선생님이 아무리 열심히 가르쳐도 모든 학생이 공부에 열중하는 건 아니니까요. 공부에 흥미가 없어서 딴청을 피우는 학생도 있고, 아예 엎드려 쿨쿨 자는 학생도 있기 마련입니다. 발레 수업이라고 다를 게 없겠지요. 발레리나를 꿈꾸며 한데 모였지만, 학생들의 모습은 다양합니다. 드가의 관찰력은 우리를 무용 교실로 안내하듯 생생한 현장감을 안겨줍니다.

당시 유럽에서 10대 초중반의 많은 소녀들이 발레리나를 꿈꾸며 발레학교로 몰려들었다고 합니다. 그런데 그녀들의 사정을 알고 그림을 보면 한편 애잔한 마음이 듭니다. 지금이야 대체로 경제적으로 여유 있는 가정의 자녀들이 어려서부터 발레를 배우고 관련 전공으로 대학도 진학하죠. 하지만 당시 유럽에서 발레리나들은 가족과 자신의 생계를 위해서 발레를 해야 하는 어려운 처지가 많았습니다. 파리오페라극장을 비롯해 유럽 극장들의 무희는 빈곤층 가정 출신이 대부분이었죠.

오늘날에도 여성에 대해서는 유리천장과 같은 보이지 않는 사회적 제약들이 존재한다고 지적하지만, 당시에는 여성의 사회적 지위가 매우 낮은 편이었습니다. 특히 대도시에서 빈곤층 여성이 가질 수 있는 직업은 매우 제한적이었죠. 많은 경우 세탁부가 되어 생계를 해결해야 했고, 열악한 환경에서 저임금 장시간 노동에 시달리는 것이 당연시되었습니다. 최악의 경우는 매춘 여성으로 전락하여 도시의 뒷골목을 전전하기도 했으니까요. 그에 비해 발레리나는 세탁부보다 상대적으로 나은 처우를 받을 수 있었습니다.

나아가 미래에 좀 더 나은 삶을 기대할 수 있었지요. 발레리나는 지금으로 치면 연예인에 해당했습니다. 빈곤층 여성이 대중에게 유명세를 떨칠 수 있는 드문 기회였죠. 극장에서 인기를 끌면 부유한 귀족이나 상인의 후원을 받을 수도 있었으니까요. 파리오페라발레학교의 소녀들은 부유층 관객들에게 속칭 '어린 쥐'라고 불렸다고 합니다. 게다가 극히 일부의 사례이기는 하지만 부유층 남성과 결혼을 통해 신분상승을 이루기도 했습니다.

소녀들에게 발레리나는 신데렐라의 꿈을 실현시켜줄 거의 유일한 사다리였습니다. 무대 위에서 매력과 뛰어난 기량을 선보이면 하루아침에 스타가 될 수 있었죠. 유명인으로서 대중적 인기를 얻고, 운이 좋으면 신분상승을 통해 경제적으로 풍족한 생활을 누릴 수 있으니 많은 소녀들이 발레리나를 꿈꿨던 것입니다. 이를 위해 어려서부터 드가 그림에 묘사된 것처럼 발레학교에서 여러 해에 걸쳐 고된 수련의 길을 걸어야 했죠.

| 오디션 천국, 누구나 연예인을 꿈꾸는 사회 |

전적으로 동일하지는 않지만, 몇 가지 점에서 현재 우리 청소년들 사이에서 일어나는 연예인 열풍과 꽤 비슷합니다. 먼저 연예인이 되려면 10대 초반부터 일련의 수련 기간을 갖습니다. '아이돌'이 되기 위해 소년·소녀들이 겪는 과정을 떠올리면 이해가 쉽죠. 10대 초중반에 시작하여 짧게는 2~3년, 길게는 7~8년 이상의 고된 훈련을 받습니다. 데뷔에 성공하려면 소위 '연습생'으로 불리는 수많은 지원자들과 치열한 경쟁을 해야 합니다. 매달 평가를 받고 상위권 점수를 얻지 못하면 연습생 지위마저 박탈당할 수 있죠. 매일 함께 땀을 흘리는 동료를 딛고 올라서야 하는 냉정한 평가 속에 때론 눈물을 쏟는 날도 많습니다.

또한 유럽의 소녀들이 발레학교에 들어가 전문적인 훈련을 쌓듯이, 우리나라 연예인 지망생들도 전문 기관에서 훈련을 쌓습니다. 연예 기획사에 들어가서도 다양한 전문가들의 지도를 받아야 하죠.

각 분야의 전문 선생들이 체계적인 프로그램에 따라 반복 훈련을 시킵니다. 노래와 춤, 연기, 나아가 한류나 케이팝 열풍과 함께 갈수록 확대되는 해외 활동을 위해 외국어 교육까지도 필수입니다.

아울러 연예인이 짧은 시간에 신분상승을 이룰 수 있는 매우 드문 기회라는 점도 비슷합니다. 국세청 자료에 의하면 가수업종으로 소득을 신고한 약 3천 명 가운데 수입 상위 1퍼센트에 해당하는 가수의 1인당 연간 평균소득은 50억 원 정도라고 합니다. 다시 말해 성공하는 순간 돈방석에 앉게 된다는 뜻이죠. 실제로 톱스타를 둔 유명 기획사들은 연간 매출이 수천억 원에 이릅니다. 방탄소년단이 소속되어 있는 기획사의 경우는 한해 매출이 거의 6천억 원에 육박한다고 합니다. 연예 콘텐츠 산업 매출액은 한 해에 수십조 원에 달하고, 음악이나 영화산업 매출이 상당 부분을 차지하죠.

수많은 청소년이 장래에 연예인의 꿈을 꾸는 것도 유사합니다. 게다가 19세기 프랑스와는 비교할 수 없을 만큼 유행이 되어 있습니다. 종종 언론이나 교육 기관에서 초등·중등·고등학생을 대상으로 미래의 희망 직업에 대한 설문조사를 합니다. 지난 십여 년 간 최상위권을 차지하는 대표적인 분야가 있습니다. 교사를 비롯한 각종 공무원 그리고 연예인입니다. 두 항목이 앞서거니 뒤서거니 하면서 선두 자리를 차지합니다. 대여섯 중에 한 명꼴로 가수, 배우, PD 등 엔터테인먼트 분야를 희망 직업으로 선택합니다.

막연한 희망이나 그냥 던져보는 말에 머물지 않습니다. 우리나라에서 연예인을 지망하는 청소년은 약 백만 명 정도로 추산됩니다.

아이돌 문화가 자리 잡은 지 20여 년 만에 연예인은 수많은 청소년의 구체적인 전망이 된 것입니다. 국내에 등록된 연예 관련 기획사만 약 2천 개에 이를 정도로 실질적인 준비를 하는 지망생이 많습니다. 한 해 동안 데뷔하는 신인 아이돌은 60~70개 팀 정도에 불과하지만, 지금 이 순간에도 수많은 청소년이 기획사 연습실에서 구슬땀을 흘리며 노래를 부르고 춤을 춥니다.

오디션을 통해 직접 연예인으로 나아가는 문을 두드리는 경우도 많습니다. 대표적인 매개가 신인 가수를 선발하는 각종 TV 오디션 프로그램입니다. 기획사를 통해 전문적인 훈련을 쌓은 지망생은 물론 자신의 재능을 확인하고 싶은 수많은 청소년이 문을 두드립니다. 오디션 열풍을 불러일으킨 대표적인 프로그램으로 '슈퍼스타K'가 있었습니다. 전국을 순회하며 예선을 거쳐 본선 진출자를 가리는 방식이었죠. 가장 인기가 있을 때 총 지원자 수가 200만 명을 훌쩍 넘어섰을 만큼 참여 인원이 엄청났습니다. 이러한 뜨거운 열기 때문에 한국을 오디션 공화국으로 부르는 사람들이 있을 정도니까요.

어느 시대나 어느 나라에서나 유명한 사람이 되려는 열망이 있었습니다. 하지만 연예인이 선망의 대상이 되고 있는 현상은 근대 이후에 나타났죠. 그 이전까지는 가수·배우 등을 천하게 여기는 사회적 분위기가 팽배했으니까요. 하지만 근대 이후 이전의 귀족문화보다 대중문화가 사회적으로 관심을 끌면서 연예인이 선망의 대상으로 떠올랐습니다. 특히 현대사회에 들어서 연예인에 대한 선망은 한층 뚜렷한 경향을 보이고 있죠. 20세기 중반 이후 라디오와 TV를 비롯한 대중매체가 대부분의 가정에 보급되고, 영화와 공연이 일상화되면서 연예인이 대중문화의 꽃으로 자리 잡았습니다.

그렇게 생각하면 한국에서 부는 연예인 열풍을 그리 희한하거나 이상하게 볼 이유는 없습니다. 하지만 다른 나라에서 나타나는 일반적인 현상과는 구별되는 두드러진 특징이 있습니다. 무엇보다 정도의 차이가 너무나 크다는 점입니다. 대표적인 장래희망이 연예인이고, 거의 백만 명에 이르는 청소년이 연예인 지망생인 나라는 세계적으로 찾아보기 어렵습니다. 또한 이 정도로 엔터테인먼트 분야회사나 각종 실용음악 학원이 번성하고 있는 나라도 없죠.

TV 방송국마다 아이돌이 주축으로 등장하는 가요 프로그램이 매주 방영되고, 하루도 거르지 않고 그토록 많은 채널마다 드라마를 방영하고 있습니다. 또 밤낮을 가리지 않고 채널을 돌릴 때마다 연예인들의 사소한 일상이나 그들 간의 친목 등을 콘셉트로 만들어진 연예 프로그램이 쏟아져 나오고, 언론에 연예 관련 기사가 매일 뉴스의 주요 페이지를 장식하는 나라는 찾아보기 어렵습니다. 우리나라 청소년들, 왜 이토록 연예인의 일상에 깊이 빠지고, 나아가 스스로 연예인이 되려고 노력하는 사람이 많은 걸까요? 무엇이 그렇게 연예인에 대한 동경을 불러일으키는 걸까요? 다음에 소개할 그림과 함께 좀 더 생각해보기로 합시다.

02

수상한 미술 이야기

유튜버, 미디어 소비자를 넘어 생산자로

존 슬론 〈영화〉 1907년

John Sloan, 1871~1951

| 매스미디어 시대가 열리다 |

앞에서 우리는 연예인 열풍에 휩싸인 우리 사회에 대해 생각해보았습니다. 그림을 하나 더 살펴보기로 하지요. 이 그림은 미국 화가 존 슬론John Sloan, 1871~1951의 〈영화〉라는 작품입니다. 근대문화에서 현대문화로의 전환을 잘 보여주는 대표적인 작품이죠. 그림을 살펴보면 영화관 주변 광경을 묘사하고 있으며, 하늘을 보니 이미 어둑해진 밤 시간입니다. 극장 간판을 중심으로 환히 밝혀진 조명이 사람들의 이목을 끕니다. 매표소 앞에서 부부나 연인으로 보이는 두 사람이 표를 구입하고 있고, 표를 구입해놓고 문 앞에서 동행인을 기다리는 모습도 보입니다.

두세 명씩 무리를 지어 극장에 관심을 보입니다. 간판을 보거나 영화 내용으로 이야기꽃을 피우는 것 같습니다. 아이들도 신기한 듯 주변을 서성입니다. 오락거리가 별로 없던 시절에 유랑극단이나 서커스단이 들어오면 온 마을에 화제가 되었던 것과 비슷했겠죠. 영화 보급 초기이니 호기심을 자극하기에 충분했을 것입니다.

극장 간판에서 '하렘의 로맨스'라는 제목이 보입니다. 아마도 달콤한 사랑을 주제로 한 영화인가 봅니다. 왼편의 간판에는 '오늘의 스페셜'이라는 문구가 적혀 있군요. 무성영화 시절이니까 대중적 인기가 있는 변사를 불렀나 봅니다. 무성영화는 녹음된 소리, 특히 대사가 없는 영화를 말합니다. 1895년에 영화가 처음 시작되었으나, 기술적인 문제 때문에 1920년대 후반까지는 소리 없이 움직이기만 하는 영상으로 볼 수 있었죠. 대사는 장면 중간에 자막으로 삽입되거나, 변사가 배우들의 대사를 대신하며 해설하곤 했습니다. 사실 영화는 대표적인 현대문화의 상징입니다. 20세기 대중문화는 대중매체와 함께 확대되어 왔습니다. 처음으로 폭발적인 파급력을 보여준 수단이 바로 영화입니다. 슬론의 그림은 영화가 보급되던 초기 시절의 분위기를 담고 있죠.

그러다가 제1차 세계대전 이후 음성이 동시에 녹음되는 기술이 발달하고, 할리우드 영화를 중심으로 상업주의가 번성하면서 오락 영화의 시대가 열립니다. 자연스럽게 유명인에도 변화가 찾아옵니다. 이전까지는 유명인이라고 하면 정치나 군사 분야의 영웅이거나 종교적으로 이름을 떨친 경우가 대부분이었습니다. 그런데 전 세계적으로 상업 영화들이 스타 시스템을 내세워 큰 인기를 얻게 되면서 연예인이 대중의 관심과 희망을 대표하기 시작합니다. 특히 제2차 세계대전을 전후하여 획기적인 대중매체, 바로 텔레비전이 등장하면서 연예인은 본격적으로 유명인의 대명사가 됩니다.

텔레비전이 보급되며 여러 채널을 통해 다양한 프로그램을 접할 수 있게 됩니다. 현재는 산업국가라면 한 가구에 한 대 이상의 TV를 보유하고 있습니다. 현대인은 TV를 비롯한 다양한 영상매체를 통해 세상이나 타인과 관계를 맺습니다. 매체에 등장하는 인물의 외모나 라이프스타일을 통해 원하는 삶의 형태를 제공받습니다. 또 가수의 노래와 춤을 보며 마음의 위안을 얻기도 하죠. 시청자들은 연예인의 이미지에 자신을 연결시키며 대리만족을 얻습니다.

처음에 연예인은 잠시나마 고단한 현실을 잊은 채 환상 속에서 결핍을 대신 충족시켜주는 존재 정도였습니다. 그러다가 점차 사고방식과 삶으로 파고듭니다. 드라마나 노래를 허구 세계가 아닌 실제 생각과 행동에 영향을 미치는 현실로 받아들입니다. 팬으로서의 관심을 넘어 이상적인 모델, 삶의 지표로 여기게 된 거죠. 하지만 대리만족만으로 한국 사회에서의 연예인 열풍을 설명하기에는 역부족입니다. 연예 분야가 문화를 넘어, 엄청난 수익을 벌어들이는 거대 산업으로 부상한 데서 또 다른 요인을 찾을 수 있습니다.

이제 대중가요나 드라마·영화는 그저 문화 현상에 머물지 않습니다. 문화 산업으로 성격이 변화한 지 오래입니다. 산업 논리에 따라 대량생산 대량소비를 통한 최대한의 이윤 획득에 집착하게 되었죠. 그리고 시장경제의 중요한 부분으로 자리 잡았습니다. 대량소비를 전제로 한 현대사회 대중문화는 TV나 영화 등의 영상매체가 제공하는 이미지에 의존하며 막대한 이윤을 실현하고 있습니다.

충동적인 소비를 일으키는 데 감각적인 이미지만한 게 없으니까요. 영상 이미지가 젊음·날씬함·우아함, 남자다움·여자다움에 대한 환상을 제공합니다. 바로 그 중심에 연예인이 존재하죠. 이중적인 대량소비가 일어납니다. 한편으로는 연예인이 제공하는 모습과 라이프스타일을 통해 의류·화장품·자동차 등의 소비가 촉진됩니다. 다른 한편으로는 연예인이 출연하는 프로그램이나 공연 등 문화 자체를 통한 소비가 확대됩니다. 즉 현대인은 문화 산업을 통해 이미지를 구매하고 있는 셈입니다.

광고 효과로 기업의 제품이 대량 판매될수록 기업의 이윤이 창출될 뿐만 아니라, 유명 연예인 또한 막대한 수익을 얻습니다. 한국의 청소년이 연예인의 꿈을 좇는 배경에는, 인기를 얻는 순간 짧은 기간에 엄청난 돈을 벌 수 있다는 경제적 동기가 크게 작용하고 있는 것입니다.

| 개인 미디어 시대, 나도 스타가 될 수 있다!? |

다채널 매체로 시대가 빠르게 변화하면서 새로운 우상이 등장했습니다. 디지털 혁명과 함께 스마트폰을 사용하면서 대중매체에도 일대 전환이 일어납니다. 이제 개인은 대중문화를 소비하는 데 머물지 않고, 만들고 유포하는 공급자 역할도 얼마든지 가능해졌습니다. 과거에는 방송사와 같은 일부 매체가 텔레비전이라는 매개를 통해 개인에게 이미지를 일방적으로 공급하는 방식이었죠. 즉 소수가 공급을 독점해왔습니다. 하지만 컴퓨터와 인터넷이라는 새로운 매체 환경 아래에서 개인은 정보를 받기만 하지 않고, 정보에 직접 반응할 수 있게 되었습니다.

특히 스마트폰의 보급은 미디어 세상의 일대 혁신을 가져왔죠. 개인이 정보를 공급받고 반응하는 정도를 넘어 정보의 제공 주체가 될 가능성을 활짝 열어준 것입니다. 여기에 '유튜브YouTube'는 개인 미디어 시대를 여는 데 결정적인 역할을 했습니다. IT기술과 인터넷 환경이 세계 최고 수준인 한국에서 동영상 플랫폼인 유튜브는 더욱 큰 파급력을 갖게 되었습니다. 스마트폰의 카메라 기능이 고성능으로 발달하면서 누구나 쉽게 고해상 영상을 찍고 유튜브에 자신의 영상을 서비스할 수 있게 되었습니다.

유튜브에 동영상을 올리는 '유튜버Youtuber' 중 수많은 구독자를 가진 이들은 연예인만큼 각광받는 스타로 떠올랐습니다. SNS 상에는 연예인 못지않게 추종자를 몰고 다니는 인플루언서들이 적지 않죠. 이들이 제공하는 콘텐츠 종류도 다양합니다. 게임 플레이 영상, 제품이나 사회 현상을 리뷰하는 영상도 많습니다. 직접 연주하거나 노래하는 영상, 춤을 추는 영상도 단골 메뉴이죠. 건강과 뷰티 영역에 대한 대중적 관심이 높다 보니, 운동·다이어트·화장 방법을 보여주는 영상도 많습니다. 요리법을 보여주거나 유명 맛집을 찾아가는 먹방도 인기 있는 콘텐츠입니다.

말도 배우기 전부터 온라인 동영상을 접하는 시대입니다. 청소년의 1인 디지털 미디어 시청은 거의 50퍼센트에 육박하죠. 구글 코리아에 따르면 월간 유튜브 이용자는 3천만 명을 넘어섰습니다. 그와 함께 유명한 유튜버의 영향력 또한 막강해졌습니다. 교육방송 EBS가 초등학생에게 '존경하는 인물' 설문조사를 한 적이 있는데, 국민적 스타 연예인과 운동선수, 세종대왕과 함께 유명 유튜버가 최상위권을 차지했다고 합니다.

상황이 이렇다 보니 유튜브 이용에 머물지 않고, 유튜버가 되고자 하는 사람도 급증하고 있습니다. 청소년과 청년 가운데 1인 방송 콘텐츠를 생산해보았다는 응답이 너덧 명에 한 명 꼴입니다. 유튜버를 꿈의 직업으로 여기는 사람도 자연스레 늘어나는 중이죠. 취업포털 사이트 '사람인'이 '유튜버 도전 의향'을 조사한 결과 무려 성인의 63퍼센트가 유튜버를 꿈꾸는 것으로 나타났습니다. 교육부 조사에서는 초등학생 희망직업 3위로 꼽히기도 했죠. 일반 직장인 나아가 변호사·약사·아나운서 등 전문직에서 일하던 사람들의 유튜버 도전도 늘어나고 있습니다.

유명 유튜버가 미래의 희망이 된 데에도 여러 이유가 있습니다. 자기 취향이나 개성을 살린 콘텐츠로 승부할 수 있는 점이 분명 매력적으로 다가옵니다. 하고 싶은 일을 하면서 많은 사람들로부터 관심과 사랑, 명성까지 얻을 수 있다는 점도 빼놓을 수 없는 동기입니다. 또 거창한 방송장비 없이 스마트폰만으로도 손쉽게 1인 방송을 시작할 수 있다는 점도 유튜버의 세계로 나아가는 진입 장벽을 낮춰주고 있죠.

무엇보다 연예인을 꿈꾸는 이유와 마찬가지로 유투버도 경제적인 동기가 매우 크게 작용합니다. 유튜브 채널의 수익은 동영상 조회수와 깊은 관계가 있습니다. 구독자 1,000명 이상인 채널이면 광고를 넣을 수 있죠. 시청자가 광고를 일정 시간 이상 시청함에 따라서 광고주가 비용을 지불하는 방식입니다. 혹은 시청자가 좋아하는 유튜버에게 일종의 후원금을 주기도 합니다. 유명 유튜버일수록 방문자가 늘어나면서 더 많은 수익을 올리게 됩니다.

한 시장조사기관에 의하면 유튜브를 비롯한 국내 온라인 동영상 광고 매출이 3천억 원을 넘어섰고, 상승 속도가 매우 가파릅니다. 구독자 수 1백만 명 이상이 되면 월평균 수입이 거의 수천만 원대에 이른다고 합니다. 실제로 현재 한국의 유튜버 상위 1퍼센트는 연 1억 원 이상의 높은 수입을 벌어들이고 있습니다. 185만 명 구독자를 가진 어느 게임 유튜버가 최근 자신의 연 수익이 17억 원이라고 밝혀 화제가 되기도 했습니다. 유명 유튜버가 되는 순간 일반 직장인으로서는 상상도 할 수 없는 어마어마한 자산가가 되는 것입니다.

빈부격차가 매우 크고, 신분상승의 기회마저 사실상 거의 막혀버린 한국 사회에서 연예인이나 유튜버는 누구나 대박의 꿈에 도전해볼 수 있는 드문 통로이기에 더더욱 선망이 대상이 된 측면이 강하다고 할 수 있습니다. 현대사회에서 유명세는 곧 막대한 경제적 수입으로 돌아오고, 자본주의 사회에서 돈의 힘은 굳이 더 설명할 필요가 없으니까요.

03

수상한 미술 이야기

우리가 슈퍼히어로 영화에 열광하는 이유

피터 파울 루벤스 〈헤라클레스와 네메아의 사자〉 1639년경

Peter Paul Rubens, 1577~1640

| 초인적 영웅의 황당무계한 이야기에 매료되다 |

앞에서 했던 이야기들과 비슷한 듯 다른 이야기를 이어가볼까 합니다. 이번 그림은 유럽 바로크 미술을 대표하는 화가 피터 파울 루벤스Peter Paul Rubens, 1577~1640의 〈헤라클레스와 네메아의 사자〉입니다. 그리스 신화의 대표적인 영웅 헤라클레스가 사자와 결투를 벌이는 장면을 담고 있습니다. 헤라클레스의 우람한 근육질 팔이 사자의 머리를 두 팔로 감아 숨통을 조입니다. 사자는 머리를 빼내려 날카로운 발톱을 그의 몸에 박으며 발버둥치지만 역부족인 것 같습니다. 혀를 내밀고 있는 사자의 모양새가 어쩐지 숨이 넘어가기 일보 직전입니다. 게다가 점차 눈도 감기고 있습니다. 화가가 영웅의 풍모를 더욱 강조하고자 했는지, 발아래에는 이미 헤라클레스가 해치운 것으로 짐작되는 표범이 널브러져 있죠.

그리스 신화에서 헤라클레스는 오랜 기간 집요한 시험을 받지만 시련을 극복하며 영웅으로 성장합니다. 헤라클레스가 겪은 열두 가지 고역 중 첫 번째가 사자와의 결투입니다. 난폭하기로 소문난 네메아의 사자 가죽을 가져오는 시험이었죠. 처음에 사자에게 화살을 쏘았지만 부상당하지 않는 짐승이기에 효과가 없었습니다. 그래서 동굴 속으로 피한 사자의 목을 질식할 때까지 꼭 죄어 죽였습니다. 이후 신화에서 헤라클레스는 사자 가죽을 걸친 채 몽둥이를 든 모습으로 표현됩니다.

이후에도 헤라클레스는 수많은 시련들을 모두 이겨냈습니다. 가축과 나라를 쑥대밭으로 만드는, 아홉 개의 머리를 가진 히드라를 처치했고, 황금 뿔이 달린 암사슴을 1년이나 추격한 끝에 생포했죠. 무시무시한 멧돼지 괴물을 덫으로 잡았고, 강의 물줄기를 돌려 가축 떼의 거대한 우리를 하루 만에 청소했습니다. 위대한 전투 부족인 아마조네스 여왕을 죽이고 허리띠를 빼앗았고, 머리가 백 개나 달린 용이 지키던 황금 사과를 가져왔죠. 심지어 저승까지 가서 머리가 셋에 꼬리는 뱀 모양의 지옥을 지키는 개를 사로잡기도 했습니다.

고대에서 근대 이전까지 동서양을 막론하고 영웅 이야기는 사람들의 마음을 사로잡았습니다. 이를 증명하듯 헤라클레스와 비슷한 영웅 이야기는 세계 각지의 신화에서 발견되고 있죠. 메소포타미아 문명의 서사시 주인공 길가메시, 북유럽 신화에서 거인족과 괴물에 맞서 싸우는 토르 등도 비슷한 맥락입니다. 중세에도 용을 물리치는 기사, 호랑이를 맨손으로 때려잡는 장수 이야기 등으로 이어졌고요. 비록 허무맹랑한 이야기지만 인기를 끌었습니다.

합리적 사고가 꽃을 피우기 시작한 근대에는 영웅 이야기가 잠시 뜸해지는가 싶었는데, 아니나 다를까 현대에 들어와 다시 극적으로 부활했습니다. 심지어 훨씬 더 막강하고 신비로운 힘을 지닌 슈퍼히어로가 등장한 것입니다. 20세기 중반 이후부터 현재까지 초인적인 능력을 가진 영웅이 지구와 인류를 구원하는 슈퍼히어로 영화가 큰 인기를 끌고 있습니다.

1930~40년대에 미국에서 〈슈퍼맨〉, 〈원더우먼〉, 〈캡틴 아메리카〉처럼 슈퍼히어로의 원형을 이루는 만화들이 출간되어 인기를

얻었습니다. 그러다가 1970년대에 〈슈퍼맨〉, 〈배트맨〉 등의 영화가 제작되어 슈퍼히어로 영화의 서막을 열었죠. 1980년대에는 슈퍼맨과 배트맨이 시리즈로 제작되어 선풍적인 인기를 끕니다.

21세기로 접어들면서는 〈엑스맨〉과 〈스파이더맨〉이 슈퍼히어로 시리즈를 이어갔고, 〈아이언맨〉까지 가세해 열기를 이어갑니다. 이후 2010년대로 넘어가면서 영웅들이 떼로 등장하는 〈어벤져스〉 시리즈가 초대박을 치면서 세계적인 열풍이 불었죠. 지난 40년간 세계 영화 흥행 순위 10위 안에 〈어벤져스〉 시리즈가 무려 세 편이나 포함되어 있는 것만 봐도 잘 알 수 있습니다.

언뜻 이해가 쉽지 않습니다. 현대는 근대보다 오히려 더 합리적인 사고방식과 눈부신 과학기술의 발전을 이룬 시기입니다. 그런데 어찌된 일인지 과거보다 신비로운 이야기가 더욱 인기를 얻고 있습니다. 얼핏 자연스러운 현상으로 생각하기 어렵습니다. 뭔가 인위적인 요소가 작용했다고 봐야지요.

우선 정치적·사회적인 요인이 깊숙하게 연관되었다고 분석해볼 수 있습니다. 슈퍼맨이나 원더우먼 영화는 미국에서 탄생했습니다. 우리는 그 시절 미국의 사정에 주목해볼 필요가 있습니다. 1929년부터 시작된 대공황으로 인해 미국 사회는 끔직한 빈곤 상황에 처했습니다. 사실 미국이 독일이 일으킨 제2차 세계대전에 참전한 것도 오랜 대공황의 충격에서 벗어나기 위해 필요한 정책이었습니다. 국민의 애국심을 자극해 전쟁으로 관심을 돌려야 했으니까요. 심각한 빈곤에 시달리는 개인의 불만을 잠재우고 애국심으로 똘똘 뭉치게 만들어야 했던 거죠.

　이러한 때에 슈퍼히어로는 더할 나위 없는 최고의 선전 수단이 되었습니다. 실제로 당시에 제작된 영화에서 슈퍼맨은 히틀러를 잡아 전범 재판에 세웠고, 원더우먼은 나치를 쳐부숩니다. 캡틴 아메리카는 아예 성조기를 연상시키는 착장으로 노골적으로 애국심을 부추기며 나치의 초인을 상대했죠. 미국은 국가를 중심으로 국민을 결집시키는 데 슈퍼히어로를 적극 활용했습니다.

　전쟁 이후에도 마찬가지였습니다. 경제성장 및 소련을 비롯한 사회주의체제와의 냉전에서 우위에 서기 위해 사회에 대한 개개인의 불만을 잠재울 필요가 있었으니까요. 제일 좋은 방법은 역시 이미지를 이용해 정부의 뜻에 따르도록 만드는 것이었습니다. 당시 일본판 슈퍼히어로라 할 수 있는 〈아톰〉의 탄생 배경도 비슷합니다. 세계대전의 패전 후 고통스런 나날을 보내던 일본인들에게 아톰은 다시 한 번 국가를 중심으로 똘똘 뭉치게 했습니다. 게다가 슈퍼히어로는 영화 산업에 막대한 이윤까지 남겨주니 국가와 자본의 이해가 맞아떨어지는 더할 나위 없는 소재가 되었죠.

| 현대인, 슈퍼히어로에 빠지다! |

그런데 이상한 점이 몇 가지 있습니다. 하나는 사회적 상황의 변화입니다. 한동안 인류를 재앙으로 몰아넣는 큰 전쟁이 없었습니다.

물론 세계 곳곳에서 국지적인 내전이 끊임없이 일어나고 있기는 하지만, 세계대전 같은 전쟁은 일어나지 않고 있습니다. 또한 1989년 소련의 몰락을 정점으로 자본주의 진영과 사회주의 진영 사이의 냉전도 사라졌습니다. 게다가 국가 간 상호 협력이 중요한 글로벌 시대에는 이념과 이념, 국가와 국가 사이의 분쟁 상황처럼 애국심을 절박하게 부채질해야 할 상황도 아닙니다. 그럼에도 불구하고 슈퍼히어로 영화가 인기를 끄는 이유는 무엇일까요?

슈퍼히어로 영화의 변화에서 힌트를 얻을 수 있습니다. 이제 영웅들은 더 이상 도덕책에나 나올 법한 고루한 애국심 덩어리가 아닙니다. 배트맨이나 아이언맨은 자기 정체성에 혼란을 느끼기도 하죠. 개인의 자유를 훼손하는 국가 중심주의나 안보 일변도 논리에 회의를 느끼기도 합니다. 영웅들이 단체로 등장하는 〈어벤져스〉에 이르러서는 여러 슈퍼히어로 간에 첨예한 갈등과 대립이 생겨나죠. 심지어 미국 정부에 반대하는 영웅까지 나타납니다. 영화의 이러한 변화를 어떻게 봐야 할까요?

앞선 슈퍼히어로와 오늘날 슈퍼히어로 사이에는 분명한 연관성이 있습니다. 즉 국가나 자본 입장에서는 세계전쟁과 이념전쟁은 약화되었지만 국민의 불만을 다른 곳으로 돌릴 필요성은 여전합니다. 사회에 대한 불만은 나날이 확대일로에 있으니까요. 주로 빈부격차와 관련된 경제적인 불만입니다. 제2차 세계대전 후에 수십 년을 누리던 경제 호황이 끝나고 2008년 미국에서 시작된 글로벌 금융위기 이후 현재까지 세계적인 경기 침체가 이어지고 있습니다.

빈부격차가 심화되면서 자본주의 체제 자체에 대한 회의나 반감을 느끼는 사람들도 많아졌습니다.

다시 슈퍼히어로가 필요해진 순간입니다. 슈퍼히어로를 통해 사회로 향하는 불만의 방향을 바꾸려고 하는 거죠. 초능력으로 문제를 해결하는 과정을 보면서 대리만족에 머물게 합니다. 사람들은 카타르시스를 느낍니다. 일종의 진통제 효과라고 할까요? 판타지를 통해 대중적으로 도피 감정을 만들어냄으로써 현실의 고통을 직시하기보다는 눈을 감고 귀를 막아버리게 만듭니다.

영화 산업 입장에서도 맹목적인 애국주의를 부채질할 조건이 약화된 상황에서 최대 이윤을 확보해야 합니다. 과거처럼 초능력과 권위를 독점하는 한 명의 평면적 슈퍼히어로만으로는 대중의 관심을 끌기 어려워지자 여러 영웅을 한데 모으는 그룹 캐스팅을 통해 해결한 거죠. 여기에 디지털 기술의 급격한 발달이 가세합니다. 컴퓨터 그래픽과 4D 장비를 동원해 동작은 더욱 현실적으로 다가오고, 초능력의 파괴력은 더욱 강력하게 묘사되면서 관객들이 영상에 몰입하도록 만듭니다.

국가나 자본의 의도와는 별도로 인간의 심리적인 특성도 슈퍼히어로 영화의 유행과 연관성이 있습니다. 아무리 국가와 자본의 이해가 걸려 있어도 대중적 유행이 되려면 우리의 마음을 파고드는 유력한 통로가 있어야 하니까요. 그래서 인간의 열등감과 우월감의 작동을 효과적으로 활용한 면이 강합니다. 많은 심리학자들이 열등감은 인간이 가진 일반적인 감정이라고 합니다. 흔히 열등감과 우월감을 상반된 상태라고 여기지만, 심리적으로는 동전의 양면이죠. 사람들은 열등감을 느낄 때 이를 넘어서는 우월한 존재가 되기를 갈망합니다. 열등감이 우월감과 쌍을 이루고, 우월을 추구하는 노력과 열등감이 서로 보완 관계를 맺습니다.

한 사회 내에서 열등감의 확대는 사회 상태와 연관이 있습니다. 보통 경제적으로 어려워지고 빈부격차가 커질 때 대중적으로 열등 감이 확대된다고 합니다. 경제가 침체되고 빈부격차가 큰 사회에서 는 노력을 통한 경제적 여건 개선이 사실상 가로막힌 상태입니다. 날로 벌어지는 격차 속에서 상대적 빈곤감이 증가하며, 열악한 처 지에 있는 개인들은 상대적 빈곤감 속에서 열등감을 느끼죠. 이와 함께 빈곤감과 열등감을 안겨주는 대상이나 상황에 대한 불만이 자 연스럽게 자라나고요.

두 개의 감정이 한쌍이라는 점에서, 열등감 확대는 곧바로 우월 감 추구가 확대될 가능성을 의미합니다. 그렇기 때문에 경기침체 와 빈부격차가 심화되는 사회에서 불만을 잠재울 수 있는 가장 좋 은 방법은 개개인의 마음속에 비록 허구일지라도 우월감을 심어주 는 것입니다. 슈퍼히어로 영화는 바로 이러한 인간 심리의 특성을 교묘하게 이용함으로써 열등감을 우월감으로 대신하게 만들어 개 인의 사회적 불만을 완화시키는 역할을 합니다. 우리가 이토록 슈 퍼히어로 영화에 쉽게 빠져드는 이유는 국가와 자본의 이해와 우리 내부의 심리적인 특성이 교묘하게 맞아떨어졌기 때문일 것입니다.

유명해지면 진짜로 행복할까요?

장 앙투안 와토 〈질〉 1719년

Jean-Antoine Watteau, 1684~1721

| 화려한 겉모습에 감춰진 내면의 슬픈 그림자 |

연예인, 유명 유튜버, 슈퍼히어로… 보통사람들과 비교할 수 없는 영향력, 경제력, 초인적 힘을 가진 이들을 향한 우리의 동경심에 관해 살펴보았습니다. 느낌이 조금 다른 그림을 하나 더 소개할까 합니다. 로코코 미술을 대표하는 화가 장 앙투안 와토^{Jean-Antoine Watteau, 1684~1721}의 〈질〉이라는 작품입니다. 이 그림은 '루브르의 질'이라는 이름으로도 불리며, 루브르 미술관의 수많은 걸작들 중에서도 몇 손가락 안에 꼽힐 만큼 유명하죠. 여기서 '질'이란 프랑스에서 피에로를 부르는 일반적인 말인데, 장터에서 벌어지던, 연극과 오페라를 섞어 웃음을 주는 코미디극의 광대입니다. 그들은 여러 지역을 떠돌아다니며 희극 공연에서 즉흥 연기를 하던 배우였죠. 주로 덜떨어진 듯 모자란 연기로 인기를 얻었습니다.

마치 우리를 쳐다보는 것 같은 피에로가 캔버스를 가득 채웁니다. 뒤로 주연과 조연, 당나귀 머리도 보이는 군요. 피에로라 그런지 옷차림부터 뭔지 모르게 바보스럽습니다. 상의는 아버지의 옷을 입은 아이처럼, 잔뜩 걷어 올려 주름이 자글자글합니다. 엉덩이까지 모두 가릴 정도로 큰 상의에 비해 짤막한 바지 아래로 발목이 훤히 보입니다. 신발에는 생뚱맞은 붉은색 큰 리본을 달았고요.

그런데 우스꽝스러운 차림새와 달리 피에로의 표정이 묘한 분위기를 풍깁니다. 으레 광대라고 하면 떠오르는 뭔가 과장된 표정이나 몸짓과 거리가 멀죠. 광대의 표정은 웃는 것도 우는 것도 아니고, 그렇다고 해서 무표정하지도 않습니다. 인간의 대표적인 감정인 희로애락 가운데 어느 하나로 쉽게 단정하기 어려운 복잡다단한 표정입니다.

실제로 이 그림은 세로가 약 180센티미터에 이르기 때문에 그림 앞에 서 있다고 가정하면 감상하는 사람은 살짝 아래를 향한 이 피에로의 시선과 정면으로 마주하겠죠. 첫 느낌은 아무래도 슬픔에 가까울 것입니다. 입은 굳게 다물었지만, 눈은 금방이라도 눈물이 흘러내릴 듯 그렁그렁하니 말입니다. 어떤 특정한 사건 때문에 느닷없이 찾아온 일시적인 슬픔이라기보다는 오랜 세월 우울함이 켜켜이 쌓이고 뒤섞인 듯 일상적 슬픔이 묻어납니다.

숱한 사람들에게 배꼽 빠지는 웃음을 안겨주는 직업을 가진 사람의 표정으로는 의외입니다. 남을 웃기는 코미디언이나 개그맨을 떠올리면 보기만 해도 웃음이 터질 것 같은 과장된 표정과 우스꽝스러운 몸짓이 함께 떠오르니까요. 짙은 슬픔이 깊게 배어 있는 희극배우라니! 수식어와 사람이 어울리지 않는, 조금 더 정확히는 이율배반의 느낌입니다. 대체 그에게 무슨 일이 일어나고 있으며, 왜 이런 표정을 짓고 있는 걸까요?

하지만 곰곰이 생각해보면 와토가 희극 배우에게서 이러한 묘한 표정을 찾아낸 것이 결코 우연은 아닐 것입니다. 관객에게 늘 웃음을 주는 광대나 코미디언들의 슬픈 내면에 대한 이야기를 우리는 종종 접하고 있습니다. 대표적인 인물로 세계적으로 유명세를 떨치며 오늘날에도 희극배우의 대명사처럼 꼽히는 찰리 채플린의 경우만 봐도 그러합니다. 관객들은 영화 속 채플린의 모습을 보고 배꼽을 잡지만, 정작 집에 가서는 왠지 모르게 깊이를 알 수 없는 슬픔에 잠긴다고 합니다. 조금 더 예민한 사람은 웃음과 슬픔의 감정에 동시에 사로잡힌다고도 말하기도 하죠.

채플린은 "인생은 가까이서 보면 비극이지만, 멀리서 보면 희극이다."라는 명언을 남겼습니다. 겉으로 보이는 말이나 행동과 실제의 삶이 전혀 다를 수 있음을 의미합니다. 표면적으로는 즐거워보일지라도 한 발짝만 들어가서 보면 우수에 잠긴 내면과 만나게 되죠. 그의 영화와 딱 맞아떨어지는 명언인데, 이는 한편으로 채플린 자신의 인생이기도 했습니다.

영화인 채플린은 천재적인 아이디어와 몸짓으로 수많은 사람들에게 웃음을 선사했습니다. 하지만 한 인간으로서의 채플린은 그리 유쾌한 인생을 살지 못했죠. 즐거움은커녕 평소 다른 사람과 만나는 일조차 꺼릴 만큼 은둔형 인간이었고, 혼자 허무주의 철학 서적에 빠진 채 지내는 시간이 많았다고 합니다.

불행으로 가득했던 그의 성장 과정이 그의 평생에 걸쳐 어두운 그림자를 드리운 것입니다. 채플린은 어린 시절 배고픔과 외로움을 뼈저리게 겪어야 했죠. 그의 부친은 채플린이 태어난 후 떠나버려 성장하는 내내 얼굴조차 볼 수 없었습니다. 그나마 알코올 중독으로 39세라는 젊은 나이에 요절했죠. 어머니는 가수와 댄서로 활동했지만 인기를 얻지 못했고, 그마저도 목이 상하는 바람에 결국 무대를 포기하고 맙니다. 이후 재봉 일을 하며 근근이 생계를 잇는 처지였고, 엎친 데 덮친 격으로 정신병원까지 전전했습니다. 채플린은 희극배우로 크게 성공한 이후에도 성장 과정에서 겪은 배고픔과 외로움을 잊지 못했다고 합니다.

| 유명세에 비례해 행복도 커질까? |

채플린처럼 극단적인 불우한 성장 경험은 없다고 해도 별반 다르지 않습니다. 관객에게 늘 행복한 감정을 선사하는 연예인이나 스포츠 스타 가운데 적지 않은 이들이 현실에서 분리된 감정을 자주 느낀다고 합니다. 하지만 대중은 무대나 스크린, 경기장에서 접하는 스타의 행복한 모습을 그들의 삶에도 그대로 연결시키려고만 하죠. 날마다 팬이나 관중의 열렬한 환호를 받으며, 늘 기쁨으로 가득한 걱정 없는 일상을 보내고 있으리라 예상합니다.

하지만 스타의 이미지와 본모습, 특히 내면은 상당한 차이가 있습니다. 채플린이 그러했듯이 우울함이나 슬픔을 동시에 갖는 경우도 적지 않습니다. 분명 겉으로 보기에 유명인의 삶은 화려합니다. 밝은 조명 아래에서 노래하거나 연기할 때면 관객의 환호와 찬사가 터져 나오죠. 공항에 나타나기만 해도 팬과 기자들이 구름떼처럼 몰려오며, 연신 카메라 플래시를 터뜨립니다.

하지만 빛과 그늘은 늘 함께하기 마련이죠. 겉으로 보이는 빛이 화려한 만큼 어두운 그늘도 깊을 수밖에 없습니다. 국민 첫사랑이라 불리며 가수와 배우로서 오랜 기간 대중적 인기를 누려온 '수지'가 어느 TV프로그램에서 솔직한 심정을 토로했던 적이 있습니다. 진행자의 "행복한가?"는 질문에 대해 그녀는 "내가 생각해도 굉장히 행복해야 하는 게 정답인데 행복이란 게 공식이 있는 게 아니라 어려운 것 같다."라고 대답합니다. 그녀 자신도 스타가 된 자신에게 쏟아지는 사람들의 동경과 부러운 시선을 잘 압니다. 그래서 자기가 생각해도 인기나 부유함으로 보면 누구보다도 행복한 게 당연할 텐데, 현실은 그렇지 않다는 생각이 묻어난 답변입니다.

여러분이 생각하기에는 스타가 되고 돈도 많이 벌었으니 그만큼 행복도 클 게 아니냐고 할지 모르겠습니다. 그러면서 복에 겨운 배부른 투정이라고 생각할지도 모르죠. 하지만 인기와 돈이 꼭 행복으로 연결되는 것은 아닙니다. 한때 한국 농구를 대표하는 스포츠 스타였고, 은퇴 이후 현재는 소위 '잘 나가는' 연예인이 된 서장훈 씨가 방송에서 한 말도 비슷합니다. 건물이 있으면 어떤 기분이냐, 너무나 행복할 것 같다는 취지의 질문에 그는 "행복이 결코 돈과 비례하지는 않더라."라고 했습니다. 또 전 세계 행복지수 조사에서 번번이 빈곤국들이 상위권을 차지하는 점을 보더라도 행복은 우리가 생각하는 것보다 훨씬 복잡한 감정입니다.

현실에서 유명인 중에 상실감과 절망감을 안고 사는 사람도 적지 않습니다. 연예인이나 부유층에서 공황장애와 같은 마음의 병을 앓고 있는 사람들이 많다거나 또 마약의 유혹에 쉽게 빠져드는 경향을 보더라도 그렇습니다. 때론 극단적인 선택으로 생을 마감하기도 하죠. 뉴스를 보면 유명 연예인이나 한국을 대표하는 기업 총수의 자녀들 가운데 마약 복용으로 논란의 중심에 선 경우를 꽤 자주 접할 수 있습니다. 그들 대부분은 물의를 일으켜 죄송하다고 하면서도 극단적 외로움이나 불면증 때문에 어쩔 수 없이 약물에 손을 대기 시작했다고 말하곤 합니다.

유명한 사람일수록 당연히 수많은 사람과 접촉할 기회가 생깁니다. 하지만 역설적이게도 풍요 속의 빈곤이라고 일상에서는 극도의 외로움 속에서 살아가는 이들이 많습니다. 유명해질수록 오히려 깊이 있는 인간관계의 폭은 좁아지기 쉽죠. 얼굴이 알려졌기 때문에 자리를 가리게 되고, 친구관계는 점차 멀어지고 줄어듭니다. 팬이 아무리 많아도, 팬과는 상호적·일상적인 관계가 아니기 때문에 일상의 외로움은 더욱 커집니다.

특히 연예인은 자기 내면을 통해 타인과 관계를 맺는 직업이 아닙니다. TV·영화 등 대중매체를 통해 만들어진 이미지를 매개로 대중과 연결되죠. 가공된 이미지를 만들어내어 유지해야 하고, 시청자와 팬은 그렇게 만들어진 이미지를 소비합니다. 따라서 인기를 유지하기 위해서는 자기 내면과 아무리 분리되어 있는 이미지라고 해도 그것이 마치 진정한 자신인 것인 양 지속적으로 꾸며야 하죠. 외로움은 둘째 치고, 자칫 자기 분열 상태에 빠지기 십상인 조건입니다.

게다가 연예 산업의 특성상 유행에 민감합니다. 경쟁이 갈수록 치열해지면서 유행이 유지되는 기간도 점차 짧아집니다. 그 과정에서 어제까지 열혈 팬이었던 사람이 돌변하여 적으로 돌아섭니다. 입에 담지 못할 온갖 유언비어를 퍼뜨리기도 하고, 온라인에 인격 살해라는 표현마저 과하지 않을 만큼의 악성 댓글이 넘쳐나 극도의 고통에 시달리기도 하죠. 문득문득 연예인들의 안타까운 자살 소식을 심심치 않게 접하게 되는 이유이기도 합니다.

그렇다고 유명인이 되면 무조건 불행해진다는 말을 하려는 것은 아닙니다. 다만 요즘 많은 청소년들이 마치 명성과 부유함이 곧바로 행복을 보증하는 조건처럼 생각하는 것은 반드시 경계할 필요가 있다는 거죠. 그저 막연하게 유명해지고 부를 쌓으면 행복할 수 있다는 생각은 곤란하다는 것입니다. 그러면 일차적으로 행복한 삶은 어디에서 실마리를 찾을 수 있을까요? 그래서 이제부터는 진짜 행복을 찾기 위한 이야기를 이어가 보려고 합니다.

진짜 특별한 사람이 되고 싶다면?

레옹 장 바질 페로 〈명상〉 1893년

Leon-Jean Basile Perrault, 1832~1908

| 자신의 내면을 들여다볼 여유 없이 살아가는 우리들 |

프랑스 화가 레옹 장 바질 페로Leon-Jean Basile Perrault, 1832~1908의 〈명상〉은 마치 깊은 생각에 잠겨 있는 것 같은 여인의 모습을 그리고 있습니다. 밑동이 상당히 우람한 나무가 보이고 뒤로 나무가 빽빽한 것으로 봐서 숲속인 듯합니다. 아마도 산책을 하다가 편안해 보이는 바위에 걸터앉았겠지요. 무릎에 책이 펼쳐져 있는 걸 보니 조금 전까지 독서를 하던 중이었나 봅니다.

지금은 책 위에 손을 얹어둔 것으로 봐서 독서를 멈추고 골똘히 생각에 빠져 있습니다. 어디론가 시선을 두고 있지만 특정한 사물이나 상황에 관심을 둔 분위기는 아닙니다. 시선을 한 곳에 고정시키기보다는 허공을 멍하게 응시하는 느낌이죠. "명상"이라는 그림의 제목을 고려하면 아마도 그녀의 시선은 외부가 아닌 자기 자신을 향하고 있는 것 같습니다. 한적한 숲속에서 자신의 내면과 정면으로 마주한 채 내밀한 대화를 나누고 있는 것 같습니다.

촌각을 다투며 바쁘게 살아가는 우리 현대인에게는 참으로 낯선 장면입니다. 솔직히 우리 대부분은 자신과의 내면에 신경을 쓸 여유 따위는 없습니다. 하루 대부분의 시간을 타인과의 경쟁으로 보내야 하죠. 학창시절 내내 극심한 입시 경쟁에 시달리다가, 이후에는 취업 경쟁이나 승진 경쟁 등으로 끝없이 경쟁이 이어지니까요.

경쟁은 기본적으로 타인과의 관계를 전제로 합니다. 타인의 시선에 어떻게 보이냐에 늘 신경 쓰고 주목하게 되죠. 그래서 경쟁 사회에서는 더더욱 자신의 내면과 마주앉아 있을 시간과 마음의 여유를 갖기가 어렵습니다. 학교든 직장이든 경쟁의 긴장감 속에서 보내는 시간뿐만 아니라, 심지어 집에서 혼자 있는 시간조차 타인과의 관계에 갇혀 있죠. '무한경쟁'이라는 말 그대로 치열하게 살아가는 우리나라는 더욱 심합니다. 스마트폰 사용 시간에서 매년 세계 1위 자리를 놓치지 않습니다. 여기에 더해 TV 시청 시간도 세계 최고 수준이라고 합니다. 뉴스든 SNS든 타인과의 관계 안에 머무는 측면에서 보면 크게 다를 게 없습니다.

무한경쟁 사회에서 타인과의 관계는 내면을 솔직하게 드러나는 방식으로 이루어지기 어렵습니다. 누구나 자기 안에 잘난 면과 못난 면이 모두 들어 있기 마련이지만, 경쟁의 회오리 속에서는 자신의 못난 면을 노출시키는 순간 자질과 능력이 부족하다는 평을 받기 십상이죠. 외적으로 무리하게 꾸미는 한이 있더라도 뭔가 강점이라고 할 면만을 부각시키고자 합니다.

그 결과 날이 갈수록 자신이든 타인이든 외형적인 면에 관심을 기울입니다. 어느새 마음을 솔직하게 드러내는 방법을 까먹게 되죠. 내면을 정면으로 바라볼 기회가 별로 없을뿐더러, 좀 더 심하게 말하면 그런 기회를 애써 회피하고자 합니다. 페로의 〈명상〉에 나온 여인처럼 자신과 대화를 나누는 시간을 꺼리는 거죠. 오직 타인에게 드러나는 외적인 모습에만 신경이 곤두선 채 말입니다.

행복도 다른 사람들의 인정을 받아야만 따라온다고 생각합니다. 자꾸만 타인의 시선에서 자신의 정체성을 찾으려는 거죠. 그렇기 때문에 언론의 각광을 받으며 수많은 팬을 거느린 연예인이 되고 싶어 하고, 연예인 못지않은 영향력을 행사하는 유명 유튜버를 꿈꾸며, 감히 넘볼 수 없는 능력을 발휘하는 슈퍼히어로를 선망의 대상으로 삼는 사람들이 늘어만 가는 것입니다. 하지만 앞에서 살펴보았듯이 이러한 것들이 실현된다고 해도 그것만으로는 행복이 저절로 보장되지 않습니다.

일상에서도 비슷합니다. 남들이 보기에 더 좋은 옷을 입으면, 더 비싼 차를 타고 다니면, 더 넓고 화려한 집에 살면 그것이 곧 행복이라고 여기는 사람들이 많습니다. 그래서 SNS에 맛있는 음식이 차려진 식탁, 경치 좋은 곳에서 차를 마시는 모습, 고급스러운 가구로 꾸민 실내, 사람들과 어울려 그럴 듯한 곳들을 여행하는 모습 등을 끊임없이 올림으로써 남들에게 자신이 얼마나 잘 살고 있는지 과시하고 인정받으려 애씁니다.

개성 역시 소비를 통한 외적인 독특함에서 찾으려고 합니다. 획일화된 아름다움·세련됨·탁월함을 기준으로 삼습니다. 자신의 실제 개성과 무관하게 어떤 상품을 구매하고 치장하는지가 개성을 표현하는 것과 등식관계가 되어버렸습니다. 하지만 오직 몸을 꾸미는 데서 개성을 찾으려는 시도는 대체로 실패하고 맙니다. 소비로서의 개성은 아이러니컬하게도 언젠가부터 획일성과 동의어가 되어버렸으니까요.

거리를 나가보면 비슷비슷하게 온몸을 치장한 사람들로 가득합니다. 자본주의 사회는 기본적으로 대량생산과 대량소비를 전제로 하기 때문입니다. 이를 실현하기 위해 전략적으로 대유행을 만들어 내죠. 결국 개성의 표현이라며 구입한 옷이나 신발, 각종 치장물들은 그저 획일화된 유행의 일부에 지나지 않는 셈입니다. 기업에 의해 개성으로 포장된 획일성의 이미지를 나만의 개성이라고 믿으며 구매하고 있는 거죠. 그러니 유행에 따른 소비로 자기만의 특별함 추구한다는 건 결국 허구가 아닐까요?

| 내면에서 발견한 오직 나만의 특별함 |

행복은 외부의 시선, 즉 타인이 내게 원하는 바에 맞추는 것만으로는 결코 충족될 수 없는 감정입니다. 우리 인간은 자신이 그저 여러 사람 중의 흔하디 흔한 한 사람이 아니라, 뭔가 특별한 존재라는 만족감이 있을 때 진정으로 살아 있음을 느낍니다. 하지만 그 특별함은 연예인이나 유튜버처럼 대중에게 많이 알려지고 부러움의 눈길을 받는 데서 오지 않습니다. 앞에서 살펴보았듯이 대중이 원하는 이미지에 맞춰 살아가는 일상이 반복될 때, 오히려 스스로를 잃어버리며 상실감에 빠지기 쉽죠

그렇다면 특별함은 어디서 올까요? 다소 뻔한 말 같지만, 타인의 욕구가 아니라 진정으로 원하는 게 무엇인지를 찾아내고 실현하는 과정에서 생겨납니다. 마음에서 우러나오는 길을 따라 걷는 사람에게 다른 사람들의 시선 같은 건 큰 문제가 되지 않습니다. 비록 부

유하지 않고, 알아봐주는 사람이 별로 없다 해도 가슴 가득 충만한 감정을 안고 살아가니까요.

만약 그러한 삶의 결과로 대중의 인정을 받고 유명세까지 얻어서, 경제적인 풍요가 찾아온다면 자연스럽게 반길 일입니다. 하지만 자기 자신에게 충만한 사람들일수록 자아실현에서 오는 성취감을 기뻐하고 자랑스러워하면서도 그에 따른 명성이나 부에는 크게 집착하지 않는 편입니다. 예컨대 사회에는 정점에 도달했을 때 미련 없이 내려오는 사람들, 또 자신의 전 재산을 기꺼이 사회에 환원하는 사람들이 있습니다. 그런 선택을 할 때의 그들을 보면 아쉬워하기는커녕 만족스럽고 행복한 모습입니다. 자기 자신을 찾은 데서 오는 충만감을 이미 가졌기 때문이겠죠. 이들에게 나머지는 부차적이거나 부산물에 불과합니다.

그러므로 우리가 가장 중요하게 가져야 하는 관심과 열정은 자신을 제대로 들여다보고 발견하는 일입니다. 무엇을 이루고자 하는지를 찾아내는 일이죠. 진정한 욕구를 알아내기 위해서는 무엇보다도 먼저 내면의 목소리에 귀를 기울여야 합니다. 진짜 자기의 것이기 위해서는 반드시 내면과 정면으로 마주해야 합니다.

학창시절에 성적에 맞춰 대학 진학과 전공을 선택하기 위해 의무처럼 머리를 짜내거나, 졸업 후 입사 지원 서류에 채워 넣느라 끙끙대는 작업과는 전혀 다릅니다. 이러한 종류의 희망은 목적이 아닌 수단에 불과하니까요. 내면을 향한 대화는 무엇을 하고 있을 때 스스로 설렘이 찾아오고 몰입하는 기분이 드는지, 생생하게 살아 있음을 느끼는지를 찾아내는 것입니다. 즉 어느 누구도 아닌 진정한 자기다움을 발견하는 작업이죠.

또한 특정 시기의 일회성 작업에 머물지 않습니다. 청소년이나 청년 시절에 마음이 진짜 원하는 바를 찾아냈다고 해서 그걸로 끝나는 게 아니라는 뜻입니다. 당장은 절실한 욕구이지만 얼마든지 다른 방향으로 변할 수 있기 때문입니다. 성장하면서 과거에는 미처 깨닫지 못했던 소망이나 새로운 욕구를 발견하기도 합니다. 아예 이전과는 상이한 방향으로 흐르거나 변형되는 과정을 거치기도 하죠. 진짜 특별한 사람이 되기 위해 지속적으로 자기 내면과 진지한 대화를 나눠야 하는 이유입니다.

자기 내면에서 특별함을 찾아낸 사람들은 굳이 누군가와 자신을 비교하며 열등감과 우월감에 시달릴 필요가 없습니다. 또 남에게 인정받기 위해 유명세에 집착할 이유도 없죠. 병적인 열등감과 무기력은 행복한 삶에 아무런 도움도 주지 않습니다. 근거 없는 우월감도 마치 풍선에서 조금씩 바람이 빠져나가듯이, 허세가 만족되지 않을 때 허망함만 안겨줄 뿐입니다.

우리가 느끼는 열등감과 우월감은 상당 부분 사회적으로 조장된 경쟁 결과와 밀접한 관련이 있습니다. 다시 말해 타인과의 경쟁에서 성공 또는 실패했는가에 따라 자신의 가치를 평가하며 생겨나는 감정의 굴곡인 셈이죠. 열등감에 사로잡힐수록 막연한 불안과 두려움이 열정을 갉아먹고 스스로를 소극적·수동적이게 만듭니다. 혹은 동전의 양면처럼 허세 가득한 근거 없는 우월감에 빠져서 현실

감각을 잃어버린 채 허우적대게 만들기도 하죠.

앞으로는 자신의 가치를 외부의 척도나 사회적 기준에 둘 것이 아니라 내적 만족과 성찰에 두면 어떨까요? 불확실한 내일에 매달리는 것이 아니라 현재 자신의 욕구와 삶에 충실할 때 불안과 무기력에서 벗어나 한층 활기차고 능동적인 상태로 자기 자신을 세울 수 있을 것입니다. 그와 함께 자연스럽게 진정한 행복을 경험할 가능성도 높아질 것입니다.

"왜 나쁜 줄 뻔히 알면서도 헤어나기 어려운 걸까요?"

우리는
모두 뭔가에
중독되어 있다!

게임 중독의 늪에 빠진 사람들

장 루이 에르네스트 메소니에 〈카드 게임〉 1861년

Jean-Louis-Ernest Meissonier, 1815~1891

| 피바람까지 불러일으킨 게임 중독 |

사실주의적인 풍속화, 역사화로 유명한 장 루이 에르네스트 메소니에(Jean-Louis-Ernest Meissonier, 1815~1891의 〈카드 게임〉이라는 작품입니다. 한 무리의 남성이 탁자 주위에 모여 카드 게임에 열중하고 있는 모습을 담고 있죠. 승부가 막판으로 치닫는 순간인지 모두 흥미진진한 표정으로 결과를 기다리고 있군요. 오른편 남자가 어떤 패를 갖고 있는지 막 보여주려는 순간입니다. 주변 사람들의 시선도 온통이 남자에게 쏠려 있습니다.

탁자와 의자 위에 술병이 있고 몇몇 사람이 와인 잔을 들고 있는 것으로 봐서 꽤 안면이 있는 사이인 듯합니다. 평소 이 자리에 자주 모여 술과 카드 게임을 즐겼지 않았나 싶습니다. 실제로 18~19세기 유럽에서는 카드 게임이 유행했습니다. 처음에는 왕족과 귀족을 중심으로 퍼졌죠. 귀족들은 작은 응접실에 카드를 할 수 있는 전용 테이블을 마련해놓고 일상적으로 즐겼습니다. 프랑스 베르사유 궁전은 밤이 되면 거의 도박장 분위기였다고 합니다.

하지만 그림에서 보이듯이 결국 도박은 점차 평민 사회로 퍼졌습니다. 18세기 초 영국 런던에는 2천여 개에 이르는 커피하우스가 있었는데, 카드 게임에 몰두하는 사람들을 흔히 볼 수 있었죠. 군인들의 일상 업무에도 지장을 줄 정도여서 게임을 금지하고 벌금을 부과한 나라도 있었습니다. 러시아는 누구든 하루 종일 공개적인 장소에서 게임만 하는 행위를 엄격히 금지했을 정도입니다.

카드 게임 중독에 빠지는 사람들이 늘어나면서 그에 따른 피해도 다양하게 속출했습니다. 예컨대 업무에 지장을 초래하거나 일상생활에 손을 놓는 경우가 많아졌습니다. 무엇보다 사유재산뿐만 아니라 국가재산을 탕진하는 사람들까지 속출했습니다. 심지어 유혈 사태까지 발생하기도 했습니다. 메소니에의 〈카드 게임〉 속에 등장하는 사람들도 자세히 살펴보면 섬뜩한 묘사가 되어 있죠. 오른편 사람을 주의 깊게 보면, 허리에 차고 있는 칼의 손잡이에 손을 얹고 있습니다. 그저 습관적으로 아무 생각 없이 칼을 만지고 있는 것으로는 보이지 않습니다. 등 뒤로 칼을 돌려 슬며시 잡는 모양새가 여차하면 칼을 빼들고 달려들 기세입니다.

실제로 비슷한 시기에 그려진 메소니에의 또 다른 작품인 〈카드 게임의 끝〉을 보면 게임 이후에 어떤 상황이 발생하곤 했는지를 잘 알 수 있습니다. 방이 난장판으로 어지러운 가운데, 그림 전면에 뒤집어진 의자에 머리를 기댄 채 쓰러져 죽은 남자의 머리 아래로 피가 흥건합니다. 그 뒤로 또 한 명의 남자가 피가 흐르는 가슴을 부여쥔 채 고통스러워하는 모습을 그렸죠. 카드 게임을 하다가 칼부림이 벌어졌고, 모두에게 비극적인 결말을 맺은 것입니다.

메소니에는 어느 집을 들렀다 우연히 목격한 희귀한 장면을 그림에 담아낸 것일까요? 아닙니다. 시대의 모습을 풍자해 캔버스에 담아내려 했던 그의 작품세계를 고려할 때, 또한 역사적인 기록을 참고해도 당시 유럽인들의 일상에서 흔히 볼 수 있는 모습임을 충분히 짐작할 수 있습니다. 게다가 칼부림으로 마무리된 카드 게임의 결말까지 그렸던 것으로 봐서 수많은 사람이 게임 중독 상태에 빠졌고, 이것이 심각한 사회문제였음을 알 수 있게 합니다.

그림에 묘사된 때부터 약 160년이 지난 현대사회에서도 게임 중독은 여전한 사회현상입니다. 특히 우리나라는 전 세계를 통틀어 게임 중독으로 가장 몸살을 앓는 나라 중 하나죠. 특히 디지털 혁명과 함께, 컴퓨터와 인터넷을 매개로 한 새로운 게임 중독이 속속 나타납니다. 한국은 전 세계에서 컴퓨터와 인터넷, 최근에는 스마트폰이 가장 폭넓게 보급된 나라이며, 이와 함께 온라인 게임 중독 현상도 매우 뚜렷하게 나타납니다.

그리고 게임 중독은 청소년에게 한정된 현상이 아닙니다. 중·장년층에도 꽤 폭넓게 퍼져 있습니다. 직장인을 대상으로 모바일 게임 현황을 조사한 각종 통계에 의하면 '평소 모바일 게임을 한다'고 답한 응답자가 대략 10명 중 6~7명에 이르니까요. 하루 평균 1시간 전후로 모바일 게임을 한다고 합니다.

모바일 데이터 및 분석 플랫폼 앱애니가 발표한 〈2020년 모바일 현황 보고서〉에 의하면 게임을 위해 지출하는 액수도 한국이 제일 많습니다. 세계적으로 게임을 많이 하는 12개국을 대상으로 새로 출시된 게임 사용자당 1인 평균 수익을 분석한 결과 한국이 일본과 중국을 제치고 1위를 차지했습니다. 2019년 3분기에만 한국은 1억 4,370만 건의 게임을 다운로드 했고, 지출액은 약 1조 1,743억 원에 달합니다. 하루 평균 약 159만 6천 건을 다운받고, 약 130억 원을 게임에 소비하는 셈입니다.

| 아놔, 어제도 게임하느라 날밤 새웠어! |

게임을 한다고 무조건 게임 중독은 아닙니다. 문제는 '무엇을 게임 중독이라고 정의할 것인가?'일 것입니다. 즉 게임을 즐기는 행위와 중독의 경계를 설정하는 일이죠. 일반적으로는 중독이라는 말은 스스로 통제할 수 없을 정도로 과도하게 몰입되어 있는 상태를 가리킵니다. 무엇보다도 '사회적 기능이 가능한지 여부'를 중심으로 하여 본인 스스로 컨트롤하지 못할 지경에 빠진 경우라면 게임 중독이라고 부를 수 있죠.

게임 중독에 빠지면 밤새 게임에 몰두하느라 아침에 학교나 직장에 못 가기 일쑤이거나, 혹은 집을 나서더라도 수업이나 일에 집중하지 못하는 상태가 반복적으로 나타납니다. 심지어 게임 중독은 개인 생활의 어려움뿐 아니라 사회적으로 적응하지 못하는 모습도 초래합니다. 심한 경우 가족이나 주변 사람에 대해 폭력적인 성향을 보이기도 합니다. 의료계에서는 게임을 하는 청소년 가운데 약 2퍼센트가 중독 수준인 것으로 추정하고 있습니다.

세계보건기구(WHO)는 질병분류기호에서 '게임장애'를 질병으로 분류하는 개정안을 만장일치로 통과시켰고, 2022년부터 적용 예정입니다. 게임 중독에 대해서는 이렇게 정의했죠.

"일상생활보다 게임을 우선시하며 중독성이 지속되고, 부정적 결과가
발생하더라도 게임을 계속하는 행위"

일상생활에 지장을 받는데도 게임 욕구를 참지 못하는 증상이 장시간 지속된다면 게임 중독으로 간주하는 거죠. 만약 WHO의 안이 확정되면 회원국인 우리나라도 기본적으로 권고를 따라야 합니다. 벌써 이를 둘러싸고 찬반 논란이 뜨겁게 벌어지고 있죠.

먼저 의학계에서는 반대보다는 찬성하는 의견이 많은 편입니다. 게임에 과도하게 몰입한 청소년 가운데 주의력결핍 및 과잉행동장애(ADHD) 증상을 보이는 경우가 적지 않다고 합니다. 혹은 인터넷 게임에의 탐닉과 니코틴 의존 사이에 상당한 연관성이 있다고 강조하죠. 신경질, 공격성, 사회적 불안 등과의 연관성을 제시하기도 합니다. 폭력적인 게임이 청소년의 폭력성을 키운다는 견해도 내놓습니다. 정부 안에서는 건강을 담당하는 보건복지부에서 주로 찬성 입장을 보입니다.

한편 문화계에서는 상대적으로 반대 의견이 많습니다. 게임과 성적·폭력 사이의 인과관계가 분명하지 않다고 하면서, 게임 때문에 학교나 직장에 자주 늦는 사람, 가정을 돌보지 않는 사람 등은 극히 소수이므로 연관성을 찾기 어렵다는 것입니다. 특히 폭력성에 대한 우려는 편견이라고 주장하죠. 프로게이머들의 범죄율이 다른 직업인에 비해 높다는 증거가 없는 점을 근거로 제시하기도 합니다. 폭력적인 게임을 즐기는 것은 단지 스트레스 발산 행위에 지나지 않으며, 게임은 놀이문화로 봐야 한다는 입장이죠.

또한 한국인터넷기업협회는 성인 남녀 500여 명을 대상으로 〈게임 이용 장애 질병 분류의 경제적 효과 분석〉이라는 연구를 발표하기도 했습니다. 이 연구 결과에 따르면 게임 중독이 질병으로 분류되면 국내 게임 산업의 연평균 매출이 2조 80억 원에서 3조 5,205억 원 가량 줄게 된다고 합니다. 설문 조사에 응답한 사람들은 질병 분류 시 게임에 쓰는 비용을 28퍼센트 줄이겠다고 답했다고 합니다. 만약 게임 산업의 매출이 28퍼센트 감소하면 총생산 5조 2,526억 원, 일자리 3만 4,007개가 감소할 수 있다고 분석했습니다. 이 연구를 주관한 한국인터넷기업협회 김영란 국장은 "디지털 뉴딜을 강조하는 상황에서 산업 위축과 청년실업의 우려가 제기된다"고 밝히기도 했습니다.[1]

게임 중독의 질병 분류 여부는 이래저래 신중한 검토가 필요한 문제입니다. 무엇보다도 자료나 경험 누적이 아직은 너무나 부족한 형편입니다. PC 게임은 수십 년, 모바일 게임은 그보다도 짧은 불과 십여 년의 현상에 불과하니까요. 그렇기 때문에 게임 중독과 이와 연관성이 있다고 의심되는 다양한 증상들 사이의 인과관계를 분명히 밝히기에는 경험적인 자료 자체가 아직 턱없이 부족합니다. 또한 신경의학적인 측면에서 게임 중독이 뇌에 어떻게 작용하여 판단과 행동에 영향을 미치는지에 대해 명확히 규명해야 하는 과제도 남아 있죠.

다만 현재 주목할 것은 질병 여부와 별개로 게임 때문에 정상적인 일상생활에 지장을 받고 있는 사람들이 빠르게 늘고 있다는 점

....
1. 김정민, 〈게임 중독 질병 취급시, 일자리 3만개·총생산 5조원 날린다〉, 《중앙일보》, 2020.5.13. 기사 내용 참조하여 재구성

입니다. 무엇보다 게임 중독 증상을 보이는 연령이 갈수록 낮아지고 있어서 우려가 됩니다. 또한 게임 중독 인구가 향후 더욱 빠르게 증가할 거라고 예상할 수 있습니다.

그럼에도 불구하고 아직까지는 우리가 '게임강국'임을 자랑스럽게 여기는 분위기가 지배적입니다. 온라인 게임 회사는 일일 접속 보상, 각종 기념일 이벤트 등의 유인책을 통해 사실상 아무런 제한 없이 게임을 습관화하도록 유인하고 있죠. 한편 이에 대한 사회적 차원의 대응은 턱없이 부족합니다. 주로 개인적인 차원의 문제로 치부하며, 기본적으로 개인이 알아서 자제하도록 하는, 의식개혁을 위한 캠페인에 의존하고 있죠.

그런데 게임 중독이 특히 한국에서 더욱 폭넓고 심한 양상으로 나타나다 보니 그 심각성이 다소 축소 및 왜곡되는 경향이 없지 않습니다. 즉 탐닉에 빠지는 인간의 일반적인 경향이나 스트레스 해소 욕구 정도로 넘겨버리는 것은 너무나 안이한 대응입니다. 개인에게 게임을 자제하도록 당부하는 캠페인이 아무런 효과를 보이지 못한다는 것을 이미 게임 중독이 확대되고 있는 현실 자체가 증명하고 있습니다. 게임 중독 발생에 대한 새로운 접근과 책임 있는 사회적 대응이 필요한 이유입니다.

나도 혹시 소비 중독일까?

에른스트 루드비히 키르히너 〈베를린 거리〉 1913년

Ernst Ludwig Kirchner, 1880~1938

| 소비 사회의 일그러진 자화상 |

독일 화가 에른스트 루드비히 키르히너Ernst Ludwig Kirchner, 1880~1938의 〈베를린 거리〉는 오늘날 우리 사회에도 시사점이 큰 작품입니다. 그림 속에는 한껏 치장한 채 베를린 번화가를 걷는 사람들의 모습이 담겨 있습니다. 맨 앞에 화려한 모습의 젊은 여성 두 명이 눈에 들어옵니다. 깃털로 한껏 멋을 부린 모자를 쓰고, 털이 풍성한 모피를 걸치고 있습니다. 끝이 뾰족한 하이힐을 신고 있고요. 남성들도 말끔한 슈트에 무릎 아래까지 내려오는 코트까지 격식을 차린 차림새입니다. 신사들의 필수품이던 중절모와 지팡이도 보이네요.

1차 세계대전이 일어나기 직전의 유럽은 산업화로 경제가 크게 성장했습니다. '벨 에포크' 시대로 불리던 이 시기의 거리에는 이처럼 최신 유행으로 꾸민 사람들로 북적였죠. 그림 오른쪽에 쇼윈도의 상품을 유심히 바라보는 남성도 보이지만, 당시 베를린의 포츠담 광장Potsdamer Platz이나 놀렌도르프 광장Nollendorf Platz은 각종 상점의 쇼윈도가 밀집한 번화가였습니다. 술집과 바도 잔뜩 모여 있는 대표적 유흥가였죠. 거리마다 쇼윈도에는 유럽에서 유행하는 온갖 신상품이 진열되어 행인들의 눈길을 사로잡았죠.

그런데 어쩐지 거리를 걷는 사람들의 모습이 생기가 넘치기보다는 죄다 쇼윈도 안에 있어야 할 마네킹처럼 보입니다. 원색에 가까울 정도로 강렬한 색으로 표현된 얼굴은 마치 가면을 쓴 것처럼 표정을 읽어내기 어렵습니다. 또한 여성이든 남성이든 마치 같은 틀에서 찍어낸 것처럼 획일적인 모습이죠. 물질적 풍요를 마음껏 누리는 주체라기보다는 오히려 기계적으로 소비를 강요당하는 느낌이 다분합니다. 더 많은 소비에 영혼을 저당 잡힌 채 살아가는 현대인의 우울한 자화상 같기도 하네요. 그림 속 모습이 전혀 낯설지 않은 건 마치 현재 우리나라의 쇼핑가를 보는 느낌이라서 더 그런 것 같습니다. 키르히너 그림 속의 인물들은 소비 사회를 살아가는 우리의 일그러진 자화상이기도 하죠.

소비 사회는 현대사회를 상징하는 가장 대표적인 말입니다. 최대 이윤을 보장하는 대량생산은 오직 대량소비를 전제로 할 때만 실현될 수 있으니까요. 생산력을 발전시켜 아무리 많이 생산해봐야 팔리지 않으면 기업은 망할 수밖에 없습니다. 최근 들어 대량소비 비중이 점점 더 커지고 있는 것 같습니다. 자본주의 사회가 주기적으로 겪는 공황이나 불황은 생산에 비해 소비가 현격하게 부족할 때 발생합니다. 그렇기 때문에 대규모 소비를 조장하는 건 자본주의에서 매우 중요한 과제이죠. 그렇게 소비는 현대사회의 특징이 되었고, 이제 아예 소비 사회라는 말로 대표됩니다. 앞서 자신의 내면이 아닌 타인의 인정에 집착하는 현대인들은 소비를 통해 자신의 존재를 확인한다고 이야기한 바 있습니다. 더 이상 내면에서 자신을 찾지 않는 거죠. 자신이 어떤 지위에 있는 사람인지, 어떤 가치를 지닌 사람인지를 얼마나 비싼 집·자동차·옷·장신구 등을 소비할 수 있는지를 기준으로 드러내려 합니다. 정신적 가치, 삶의 가치보다는 새로운 상품 속에서 자신의 가치를 찾고 있는 거죠.

| 소비 중독이라는 바이러스에 감염되다 |

소비 중독은 소비 사회의 가장 상징적인 현상 중 하나입니다. 그런데 지나치게 쇼핑에 집착하는 강박적 구매 증상이 일종의 정신질환으로 분류되는 것을 알고 있나요? 미국에서는 알코올이나 마약 중독, 대식증과 같은 차원의 정신질환으로 취급하고 있죠. 소비 중독에 빠지면 부적합하고 과도한 소비 충동을 제어하지 못해 분별력을 잃고 필요하지 않은 물건을 마구 구매합니다. 심지어 경제력을 초과하는 소비 행태가 지속적으로 나타나게 되죠.

그뿐만이 아닙니다. 알코올·마약 중독자들이 금단 증상에 시달리듯이, 쇼핑 중독 역시 일정 기간 소비 행위를 하지 못하면 마치 금단 증상처럼 불안·긴장·우울감 등을 비롯한 부정적인 감정에 사로잡힌다고 합니다. 갖고 싶은 물건이나 신상품을 구입하지 못하면 불안감에 시달리며 일상생활에 지장을 받기도 하죠.

충동구매 욕구를 억누르지 못하고 지갑을 여는 소비 중독은 비단 우리나라뿐만 아니라 현대 자본주의 사회 전반에 만연해 있는 아주 흔한 현상입니다. 미국 내의 각종 조사에 의하면 미국 성인의 약 6퍼센트 정도가 소비 중독자로 추정된다고 합니다. 일주일에도 여러 차례 쇼핑을 하러 외출하고, 세일 기간이면 습관적으로 백화점을 찾습니다. 굳이 필요하지 않아도 구매하고, 심지어 이미 사놓은 것조차 까맣게 잊은 채 똑같은 물건을 다시 구입하기도 합니다. 이러한 충동구매 욕구를 보여주듯 미국은 수십 년 전만 해도 고등학교가 쇼핑센터보다 많았지만, 지금은 쇼핑센터가 고등학교 수의 2배를 훌쩍 넘어섰다고 합니다.

그런데 우리나라에 비하면 미국의 상황은 양호한 편입니다. 만약 여러분이 서울을 비롯한 대도시에 살고 있다면, 주변에 얼마나 많은 쇼핑센터가 있는지 한 번 헤아려볼까요? 지역 내의 주요 사거리 주변이면 백화점이나 대형마트가 즐비하죠. 여기에 각종 아울렛이나 전자제품 등을 전문으로 판매하는 마트까지 더하면 한 손으로 꼽기도 어려울 정도입니다. 여기에 지난 십여 년 사이에 폭증하고 있는 홈쇼핑과 온라인쇼핑을 더하면 수를 헤아리는 것조차 무의미할 지경입니다. 최근에는 많은 사람이 소비를 유혹하는 각종 스마트폰 앱에 수시로 들어가 신상품을 검색하는 일로 시간을 보내기도 합니다. 온라인 쇼핑몰에서 주문한 택배 물품이 문 앞에 오지 않는 날이면 우울하다고 말하는 사람도 많습니다.

어느새 우리의 사고방식도 소비 중독을 질환이 아닌 자연스러운 현상으로 받아들이게 되었습니다. 저소득층에게 나타나는 소비 중독 증상의 하나라 할 수 있는 현상을 '탕진잼'으로, 일종의 스트레스 해소를 위한 놀이처럼 미화시킵니다. 탕진잼은 소소하게 탕진하는 재미를 일컫는 말입니다. 흥청망청 소비해서 재산을 날린다는 '탕진'과 재미를 뜻하는 '잼'을 결합한 신조어입니다. 수입이 적은 젊은 세대나 저소득층에서 중저가 브랜드의 의류 · 신발 · 화장품 등을 지속적으로 사서 낭비하는 경향을 말하는 것입니다. 그뿐만이 아닙니다. '시발비용', '멍청비용', '홧김비용', '분노소비' 등 다양한 핑곗

시발비용부터 분노소비까지

2020년 코로나 19의 대유행으로 인해 우리 사회는 이전에 경험해보지 못한 여러 가지 상황들을 경험하게 되었습니다. 학교는 사상 초유의 온라인개학이 이루어져 집에서 온라인으로 수업이 이루어지고 있고, 장기화된 사회적 거리두기로 인해 외출조차 마음대로 할 수 없는 상태가 되고 말았습니다. 이러한 전대미문의 상황 속에서 사람들은 나날이 스트레스를 받고 있다고 하죠. 이러한 가중되는 스트레스를 소비로 해소하는 사람들이 있다고 합니다. 분노소비 또는 보복소비라고도 부르는데, 한창 창궐하던 바이러스가 잠시 누그러진 틈을 타서 갑작스럽게 소비가 폭발적으로 증가하는 양상이 나타난 거죠. 예를 들어 연휴 때 해외여행을 즐기던 사람들이 코로나 때문에 여행을 가지 못하자, 명품을 소비하면서 대리만족을 했다고 합니다. 그 바람에 불황 속에서도 명품관에는 사람들로 장사진을 이루었다고 하는군요. 바로 이러한 소비를 가리켜 분노소비, 보복소비 또는 코로나소비로 부르기도 합니다.

이와 유사한 용어로 수년 전부터인가 유행하던 말이 있지요? 바로 시발비용입니다. 비속어인 '시발'과 '비용'을 합친 신조어인데, 스트레스가 없었다면 발생하지 않았을 비용을 뜻합니다. 너무 화나고 열받아서 돈을 썼다는 뜻이겠지요? 뭔가 짠한 느낌이 드는 것도 있기는 하지만 우리 사회에 전반을 감싸고 있는 소비 중독과도 일면 일맥상통하는 부분이 있다고 생각합니다. 뭔가 건강한 스트레스 해소 방법이라는 생각보다는 너무 많은 사람들이 자신의 소비를 합리화하기 위해 끊임없이 변명거리를 찾기 위해 애쓰고 있다는 생각이 드는 건 왜일까요?

거리로 소비를 합리화하는 신조어들이 속속 생겨나고 있죠.

우리나라에서 소비 중독 연령이 점차 낮아지고 있는 점도 뚜렷하게 나타나고 있습니다. 국민대학교 학생을 대상으로 〈대학생 소비 의식 현황〉을 조사한 적이 있는데, 대학생의 55퍼센트가 무의식적·습관적으로 소비하는 것으로 나타났습니다. 전국은행연합회에 따르면, 신용불량자 중에서 20대가 차지하는 비율이 약 20퍼센트에 달합니다. 그 주요 원인 중의 하나로 과소비가 꼽힌다는 점을 충분히 예상할 수 있습니다. 중등·고등학생 중에도 습관적으로 쇼핑을 자제하지 못하는 청소년이 늘어나는 추세입니다.

소비 중독으로 인한 정신적 불안에 더해 당연히 경제적인 피해도 빠르게 확대되는 중입니다. 특히 물건값을 여러 차례에 걸쳐 나눠 내는 할부가 가능한 신용카드만 믿고 뒷감당을 생각하지 않은 채 소비에 빠져드는 경향이 날로 심해지고 있습니다. 특히 TV·냉장고·컴퓨터 등 고가의 가전제품이나 자동차, 스마트폰도 예외가 아닙니다. 아직 멀쩡하고 특별히 사용하기에 불편한 것도 아닌데 뭔가 새로운 기능이 추가되거나 디자인이 바뀐 신상품이 나오면 할부로 새것을 구매하죠. 자동차도 보통 10년 이상 멀쩡하게 기능이 유지되는 데도 불구하고 4~5년 주기로 새 차를 구입하는 통에 갚아야 할 할부금은 세월이 흘러도 줄어들 기미가 없습니다. 온 가족이 하나씩 갖고 있는 스마트폰은 약 1~2년 주기로 나오는 신상품을 구입해야 마음이 놓입니다.

또 값비싼 신상품을 구매하고 나면 SNS에 마치 별 것 아니라는 듯 "플렉스flex 해버렸지 뭐야…" 하면서 자랑스레 게시물을 올리기도 합니다. 이런 것들은 실상 소비를 통해 다른 사람에게 자신의 가치를 증명해 보이려는 행위라고 할 수 있겠죠. 하지만 만족감도 잠시일 뿐, 분명 금세 새로운 상품이 또다시 지갑을 열라고 유혹할 것입니다.

결국 대부분의 현대인이 은행 대출이나 신용카드를 매개로 할부 인생을 살아갑니다. 우스갯소리로 할부가 끝나는 날이 인생 끝나는 날이라고 자조할 만큼 말이죠. 심한 경우 계속 대출에 의존하고 이자율이 높은 카드빚까지 손을 대다가 신용불량에 빠질 수도 있습니다. 그럼에도 불구하고 많은 사람들이 불필요한 소비를 줄이려고 노력하기보다는 우울해서, 기뻐서, 짜증나서, 고마워서 등으로 굳이 별별 이유를 갖다 붙이면서까지 자신의 소비를 합리화하려고만 합니다. 대체 무엇이 우리를 이토록 깊은 소비의 늪에 빠뜨리고 있는지에 관해 곰곰이 생각해봐야 할 때입니다.

03

수상한 미술 이야기

빠질수록 더 외로워지는 관계 중독에 관하여

크리스토퍼 네빈슨 〈밤의 스트랜드 거리〉 1937년

Christopher Nevinson, 1889~1946

| 군중 속에서 헤어나지 못하는 사람들 |

영국 화가 크리스토퍼 네빈슨Christopher Nevinson, 1889~1946의 〈밤의 스트랜드 거리〉는 런던 번화가의 밤 풍경을 담고 있습니다. 어둠이 짙게 깔린 밤거리임에도 불구하고 인파로 북적거립니다. 인도뿐만 아니라 자세히 보면 차도의 이층버스 안도 빈 좌석이 보이지 않을 정도로 사람들이 빼곡합니다. 곳곳에 우산을 쓰고 있는 것과 바닥에 반사된 조명을 보니 비도 부슬부슬 내리는 중입니다. 하지만 이에 아랑곳하지 않고 도시의 밤을 즐기는 분위기입니다.

건물과 거리는 밤이라는 시간이 무색할 정도로 환합니다. 도시를 수놓은 화려한 조명이 사람들의 마음을 들뜨게 하여 발걸음을 거리에 묶어두는 느낌입니다. 그림에 보이지는 않지만 어쩐지 거리의 식당이나 카페에도 사람들이 많이 모여 있을 거라는 예상을 충분히 해볼 수 있습니다. 아마도 친구나 연인들이 얼굴을 마주보며 한창 이야기꽃을 피우고 있지 않을까요? 낮과 밤의 구분이 사라진 번화가의 일면을 보여줍니다.

한국의 대도시를 떠올리면 결코 낯설지 않은 풍경입니다. '불야성'이라는 말이 잘 어울립니다. 하지만 유럽은 백 수십 년 전, 우리나라는 60~70년 전만 해도, 농촌 사회였습니다.

인류가 지구상에 출현한 이후 백 만 년이 넘은 기간 동안 해가 뜨면 일어나 바깥 활동을 시작하고 저녁에 해가 지면 집으로 돌아오는 생활 패턴이 반복되었습니다. 밤이 되면 타인과의 관계를 마치고 가족과 함께하거나 온전히 자신과 만나는 시간을 보냈죠. 지금도 유럽을 비롯해 생각보다 많은 나라의 밤거리는 매우 한산한 편입니다. 도시에 따라서는 마치 유령도시가 연상될 만큼 밤거리에서 사람들을 찾아보기 어렵죠. 여행객들이 늦은 밤에 여행지에서의 자유를 만끽할 마음을 먹었다가도 막상 인적이 드문 썰렁한 거리와 마주하면 좀처럼 나갈 엄두를 내지 못하기도 합니다.

하지만 여러분도 잘 알다시피 한국의 대도시는 전혀 다른 모습입니다. 불야성이 따로 없죠. 특히 번화가 중에서도 유흥가로 알려진 서울의 홍대 주변이나 논현동·이태원 등은 새벽까지도 사람들로 북적입니다. 지방도 번화가는 크게 다르지 않죠. 식사를 하거나 술과 차를 마실 수 있는 상점이 즐비합니다. '불금'이라는 말은 상식처럼 여겨지며, '불타는 금요일'에는 친구나 동료들과 어울리다가 새벽 한두 시가 넘어야 귀가하는 사람들이 적지 않습니다. 급기야 불금을 즐기지 못하면 대인관계에 문제가 있는 사람처럼 불쌍하게 때론 이상한 시선으로 바라보기도 하죠.

우리는 낮 시간이면 학업이나 생계 때문에 원하든 원하지 않든 간에 타인들과 섞인 채 복잡한 관계의 숲에 머물러야 합니다. 그런데 밤에도 여전히 거리가 북적거리는 것을 보니 하루 일과가 끝난 후에도 관계의 숲에서 벗어나지 않으려는 사람들이 많은 것 같습니다. 군중 속에서 떨어져 있는 시간을 견디지 못하고 무슨 핑계를 대서든 함께 어울릴 약속을 만듭니다. 청소년들은 학교든 학원이든, 주중이든 주말이든 틈만 나면 다른 학생들 틈에 섞이고자 합니다.

직장인들은 퇴근 후에 이러저러한 회식, 혹은 직장동료나 친구들과의 사적인 술자리로 이어지곤 합니다. 사랑을 하고 있다면 연인과의 빈번한 만남까지 포함되고요. 그 외에도 동호회나 친목회 등 여러 명목으로 만남을 이어갑니다.

관계 안에서 좀처럼 떨어지려 하지 않기 때문에 자신에 대한 판단 기준도 전적으로 타인에 의존하는 것이 아닐까요? 심한 경우 상대가 자신을 싫어하거나 떠날지 모른다는 불안감에 사로잡힙니다. 불안과 두려움에서 벗어나기 위하여 다른 사람과의 관계에 더욱 집착함으로써 자기 일에 지장을 줄 정도로 시간을 쏟아 붓습니다.

자연스러운 현상이거나 성격 문제라고 생각하기 쉽지만, 현대인의 병적 증상 중의 하나인 관계 중독을 의심할 필요가 있습니다. 이는 자기상실증후군이라고도 불립니다. 타인에게 지나치게 의존하는 증상입니다. 중독은 통제력을 상실하고 집착에 이르는 상태이며, 중단되었을 때 금단 증상을 보입니다. 관계에 대해서도 이와 비슷한 양상이 나타난다면 중독으로 볼 수 있습니다.

관계가 멀어지는 것을 두려워하기 때문에 상대의 이기적인 부탁으로 생기는 불이익도 억지로 감수합니다. 부당하다고 여기면서도 싫다고 하지 못한 채 부담을 떠안습니다. 거짓말을 해서라도 상대의 마음에 들려고 몸부림을 칩니다. 그러한 자기 모습이 실망스럽고 싫기도 하지만 드러내지 못한 채 악순환을 이어가죠. 관계 밖의 시간을 견디지 못하고, 조금이라도 상대가 꺼리는 기색을 보이면 전전긍긍하다가 외로움이나 우울증으로 연결되기 십상입니다.

| 새로운 관계 중독의 매개로 떠오른 SNS |

최근에는 사회 관계망 서비스, 즉 SNS^{Social Network Service} 이용자가 급증하면서 관계 중독 현상이 한층 더 광범위해졌습니다. SNS는 사용자 간의 자유로운 의사소통과 정보 공유 그리고 인맥 확대 등을 통해 사회적 관계를 생성하고 강화해주는 온라인 플랫폼을 의미합니다. 페이스북과 트위터 이용자는 이미 전 세계적으로 약 20억 명에 이릅니다. 여기에 인스타그램이나 카카오톡 등을 포함하여 대부분의 사람들이 매일 서비스를 이용하고 있는 셈입니다.

스마트폰 중독은 이미 대중적인 현상입니다. 지하철을 타면 스마트폰에 시선을 고정시키고 있지 않은 사람을 찾기 어려울 정도이니까요. 커피숍에서 친구를 만날 때도 서로 얼굴을 마주 보고 정겨운 대화를 나누기보다는 각자 네트워크 세계에 빠져 있는 모습이 더이상 낯설지 않습니다. 심지어 횡단보도를 건널 때조차 스마트폰에서 눈을 떼지 못합니다.

스마트폰 중독은 TV 중독이나 컴퓨터 중독보다 훨씬 극심한 중독입니다. 각종 설문조사에 따르면 국내 사용자 가운데 절반 가량이 하루에도 수십 번 이상 '아무 이유도 없이' 스마트폰을 열어본다고 합니다. 스마트폰과 1~2미터 이상만 떨어져도 불안해지는 등 병적 집착 증상까지 보이는 거죠. 요즘 초·중·고 학생들이 제일 무서워하는 벌이 다름 아닌 '스마트폰 압수'라고 할 정도이니까요.

스마트폰 중독을 초래하는 가장 큰 요인이 바로 SNS 이용입니다. 스마트폰 중독자들이 하루 중 제일 많이 하는 행동이 카카오톡을 비롯한 SNS 접속이니까요. 이를 매개로 밤낮을 가리지 않고 늘 타인과 연결되어 있습니다. 입시지옥에 시달리는 10대 청소년조차 하루 평균 SNS 이용 시간이 3시간을 넘는다고 하니까요. 식사를 하거나 차를 마시기 전에 사진을 찍어 SNS에 올리는 게 거의 정해진 순서입니다. 게다가 사진이나 글을 올리는 데 머물지 않습니다. 반응을 기다리며 수시로 해당 서비스로 들어갑니다.

답글을 달거나 '좋아요'를 누르고, 게시글을 읽습니다. SNS 중독을 통해 우리의 시간과 공간이 타인과의 관계에 의해 지배당하는 관계 중독 현상이 더욱 광범위하게 퍼지고 있으며, 그로 인한 후유증도 갈수록 심각한 상황으로 치닫는 중입니다. 버스나 지하철을 타고 혼자 이동하는 중에도, 심지어 밤 12시가 넘어 자기 방에 혼자 있는 시간에도 말 그대로 모든 순간으로 관계 중독이 확대된 것입니다. SNS에서 잠시라도 떨어져 있을 때, 어쩐지 자신만 관계에서 멀어지거나 흐름을 놓치고 있는 것 같은 불안과 두려움을 느끼는 거죠. 그런데 아이러니 한 점은 그토록 매 순간 타인과의 연결에 몰입하면 할수록 진정한 유대관계는 점점 더 희박해지고, 외로움 또한 더더욱 강렬하게 느끼게 된다는 것입니다. 마치 갈증이 날 때 달콤한 음료를 마시면 잠시 후 더 큰 갈증으로 돌아오는 것처럼 말이죠.

무엇이 우리를 중독에 빠뜨리는가?

조지 벨로스 〈녹아웃〉 1907년

George Bellows, 1882~1925

| 인간의 본성 VS 개인의 특성 |

미국의 사실주의 화가 조지 벨로스George Bellows, 1882~1925의 〈녹아웃〉
은 권투 경기에서 승부가 결정되기 직전의 장면을 담고 있습니다.
녹아웃knockout은 선수가 매트 위에 앉거나 쓰러져 더 이상 경기를
속행할 수 없어 중단시키는 것을 말합니다. 10초 안에 일어나지 못
하면 심판이 녹아웃을 선언하는데, 줄임말로 'KO'라고도 하죠. 화
가가 경기장을 수차례 찾아가 열기를 체험하고 스케치를 했다고 하
는데, 그래서 그런지 더 생생한 현장감을 느낄 수 있습니다.

그림 속에 한 선수가 링 위에 쓰러져 있습니다. 팔을 뻗어 바닥을
짚고 일어나려 애를 쓰는 것 같지만, 힘없이 풀린 다리를 보니 몸이
영 말을 듣지 않는 것 같네요. 코치들이 링의 줄을 잡거나 안으로
고개를 들이밀고 빨리 일어나라며 고함치지만, 선수의 상태를 보면
아무래도 다시 일어나기는 무리일 것 같습니다. 승자는 방금 전까
지 혈투를 벌이던 터라 흥분이 채 가라앉지 않은 듯 공격 자세를 풀
지 못한 상태입니다. 심판이 달려들어 더 이상 공격하지 못하도록
온몸으로 힘을 주어 막아서고 있습니다. 다운 당한 선수에게 다가
서지 못하게 아예 두 팔을 꽉 잡고 있는 모습이 코너로 돌아가라고
요구하는 것 같습니다.

링 위의 선수들 못지않게 관중의 흥분도 최고조에 이르렀습니다.
요즘도 유명한 경기에는 천문학적인 배팅 비용이 몰리기도 하는데,
이때도 경기 결과에 돈을 거는 내기 도박이 유행했던 터라 분위기

는 더욱 뜨거울 수밖에 없었을 것입니다. 서로 응원하는 선수가 다르기에 상반된 반응이 뒤섞여 있겠죠. 쓰러진 선수 편 관중은 일어나서 다시 싸우라고 외치고, 반대 편 관중은 드디어 승리했다며 환호성을 지릅니다. 그림을 보는 우리가 마치 현장에 함께 있는 느낌을 받을 만큼 경기장의 후끈한 분위기가 그대로 전해집니다.

권투나 레슬링과 같은 격투 경기는 현대사회에 시작된 경기가 아닙니다. 경기 규칙이 다를 뿐 고대사회에서부터 내려왔죠. 당시에도 이 그림 속 관중처럼 사람들은 열광하며 경기에 빠져들었습니다. 격렬한 격투기를 비롯하여 공을 이용한 각종 구기 종목, 나아가 달리기 같은 육상 종목에 이르기까지 각종 운동 경기가 만들어진 이유를 인간의 본능에서 찾는 견해가 많습니다. 비슷한 맥락에서 각종 중독의 원인도 인간의 본성과 연결시키는 거죠.

이러한 견해에 의하면 인류가 지구에 등장한 이래 개인의 생존과 종족 보존은 절체절명의 과제였기에 본성 속에 경쟁이 스며든 셈이죠. 남보다 강하고 빨라야 생존할 수 있었기에 누가 더 강하고 빠른지 겨루는 각종 운동 경기가 생겨났다는 것입니다. 각종 스포츠를 직접 즐기거나 축구·야구·농구 등에 빠져들어 열광적으로 응원하는 경향도 그 연장선상에 있습니다. 게임에 대한 열광 역시 승부에서 이기고자 하는 본성의 발로로 이해할 수 있죠.

소비에 대한 집착 역시 타인과 경쟁하려는 본성의 결과로 봅니다. 소비는 부유함의 상징입니다. 부유하다는 것은 또 그만큼 강하다는 의미이기도 합니다. 그렇기 때문에 필요 이상의 소비 또는 다른 사람들이 갖지 못한 재화의 소비는 자신을 과시하는 주요 수단이 되는 것입니다. 말하자면 소비 중독은 스스로를 과시하려는 본성적 욕구의 표현인 셈이죠.

결국 게임 중독이든 소비 중독이든 그 뿌리는 결국 타인이 부러워할 정도의 탁월함을 인정받기 위한 경쟁 욕구에서 찾을 수 있습니다. 인간관계에 집착하는 경향 역시 생존 과정에서 획득된 본성의 일부로 봅니다. 다른 동물에 비해 힘과 빠르기에서 열등한 인간으로서는 협력을 통해 생존의 활로를 찾을 수밖에 없었죠. 그 과정에서 저절로 타인과의 관계를 중시하는 경향이 생겨났다는 것입니다.

스포츠나 게임에 몰입하는 경향을 인간의 '놀이'하려는 경향에서 찾는 견해 또한 본성과 연결됩니다. 역사가이자 철학자인 하위징아Huizinga는 《호모 루덴스》에서 "인간 행위의 내용을 인식의 저 밑바닥까지 캐어 들어가면, 모든 행동이 단순한 놀이에 불과하다."라고 했습니다. 인간을 인간이게 하는 특성이 '생각' 이상으로 '놀이'에 있다는 것입니다. 그래서 인간을 '생각하는 인간'인 호모 사피엔스Sapiens보다는 호모 루덴스Ludens, 즉 '놀이하는 인간'으로 규정하는 것이 적절하다고 합니다.

그에 따르면 자신마저 잊은 채 노름에 빠지는 행위, 스포츠 경기에 열광하는 행위를 비롯하여 특정한 행위에 미칠 정도로 몰두하는 힘 속에는 인간의 원초적인 놀이 경향이 있는 셈입니다. 놀이를 통한 '재미' 추구는 논리적인 분석으로 대신할 수 없습니다. 이러한 견해 역시 중독에 빠져드는 경향을 인간의 타고난 본성에서 찾고 있는 점에서 비슷합니다.

반대로 중독의 원인을 개인적인 차원으로 설명하는 견해도 있습니다. 미국 중심의 개인심리학 관점에 의하면 중독의 원인은 어린 시절의 트라우마, 특히 애착 손상에서 비롯된다고 봅니다. 각종 중독 증상은 자기를 존중하는 마음이 허약할 때 주로 나타납니다. 자존감은 가정에서의 성장 과정을 통해 형성됩니다. 부모와 안정적인 애착을 통해 사랑받고 있고 중요한 사람이라는 느낌을 받으며 만들어지죠. 따라서 관계 중독을 비롯한 각종 중독은 부모 한쪽 혹은 양쪽 부모가 제 역할을 다하지 못한 가정에서 발생하는 장애라는 주장이죠.

부모의 온전한 사랑과 따뜻한 관심을 받지 못하고 자란 아이들은 자존감을 상실한 채 늘 결핍감을 느끼게 됩니다. 자존감이 높은 사람은 자기 내부의 사고와 가치에 의해 스스로를 세울 줄 압니다. 하지만 자존감이 결여되면 자신의 가치를 타인의 인정이나 칭찬처럼 외적인 반응에 의존할 수밖에 없습니다. 그렇기 때문에 게임이나 소비, 혹은 관계 등의 중독과 같은 외적인 반응에 대해 병적으로 집착하게 되는 거라고 분석하는 거죠.

하지만 중독의 원인을 오직 인간의 본성 또는 개인의 성장 과정에서만 찾으려는 건 분명한 한계가 있습니다. 만약 본성 때문에 생겨난 증상이라면 유독 현대사회에 와서 각종 중독들이 뚜렷하게 증가하는 현상을 설명할 길이 없습니다. 모든 원인이 본성 때문이라면 시대를 가리지 않고 비슷한 양상으로 나타나야 마땅하죠. 나아가 이성적·과학적 사고가 발달한 현대보다 전통사회에서 본성에 의존하는 경향이 더 컸을 테니, 전통사회에서 중독 현상이 더 극심하게 일어났어야 하지 않을까요? 그런데 현대사회에서 중독이 훨씬 더 폭넓고 또 깊게 나타난다는 점에서 번지수가 한참 틀린 접근이라고 봐야 할 것입니다.

개인심리학처럼 오직 개인에게서 원인을 찾는 견해도 설득력이 떨어지기는 마찬가지입니다. 무엇보다도 게임·소비·관계 중독이 우리나라에서 유독 두드러지는 이유를 설명하기 어렵습니다. 한국은 유럽이나 미국에 비해 가족의 결속력이 더 강합니다. 또 결혼한 여성의 전업주부 비율이 높은 편이라 영·유아 시절에 엄마가 아이와 친밀한 관계를 맺습니다. 그 어느 나라보다 따뜻한 사랑과 관심을 받고 자라난다고 말할 수 있죠. 그러므로 부모와의 분리에서 오는 결핍감 때문에 중독 현상이 생긴다는 원인 진단은 어딘지 앞뒤가 잘 맞지 않습니다.

| 조직적으로 중독을 부추기는 사회 |

본성이나 개인적 특성과는 다른 접근으로는 사회적 요인을 꼽을 수 있습니다. 분명한 것은 무엇엔가 과도하게 몰입하는 경향은 그만큼 자신에게서 충분한 의미나 가치를 찾지 못하기 때문에 발생한다는 점입니다. 현대로 접어들면서 사회가 외부 요인에서 가치를 찾도록 의도적으로 유도하고 조장하는 면이 강화되었다는 것은 분명

합니다. 앞서도 설명했지만, 대량생산된 물건들이 소비되도록 대중들의 소비심리를 이끌어내기 위해 필요 이상의 과소비를 조장하는 경향이 있습니다. 그러기 위해 사람들이 무심코 소비에 몰입할 수 있게 치밀한 장치들을 사회 구석구석에 심어놓았죠. 예를 들어 소비 중독을 생각해볼까요? 백화점과 대형마트를 비롯한 각종 대형 쇼핑 몰은 소비자가 이성을 잃을 만큼 소비 충동을 부채질하기 위해 온갖 수법을 사용합니다. 매장을 가득 채운 화려한 신상품으로 모자라 오직 쇼핑에만 몰입하도록 창문을 없애고, 시계도 걸어두지 않죠. 모든 층을 거치도록 에스컬레이터는 잘 보이는 중앙에 두고, 엘리베이터는 찾기 힘든 구석에 배치합니다. 또 멀티플렉스 극장을 비롯한 각종 문화시설을 유치해 틈새 시간을 쇼핑으로 이어지도록 합니다. 게다가 세일하지 않는 기간을 찾기 어려울 만큼 각종 명분을 앞세운 세일 행사로 소비자의 발길을 끌어들입니다.

다음으로 대중매체를 통한 광고가 위력을 발휘합니다. 필요 이상의 구매 행위는 상당 부분 광고에 의해 유도된 결과입니다. 아무리 가난해도 요즘에는 TV가 없는 집은 찾아보기 어렵습니다. 영상 기술 발전에 힘입어 세련된 광고가 쉴 새 없이 소비 충동을 부추기고 있습니다. 심리학자들이 가장 효과적으로 상품을 팔 수 있도록 교묘한 방법을 끊임없이 연구하고 찾아내 제공하고요. 이제는 아예 노골적으로 TV 홈쇼핑으로 보다 간편하게 소비를 유도합니다. 어디 그뿐인가요? 컴퓨터나 스마트폰의 온라인 광고는 한 순간도 소비 욕구에서 벗어나지 않도록 발목을 잡습니다.

이를 뒷받침하는 배달 시스템도 한몫하고 있죠. 한국은 웬만한 대도시라면 하루 만에 온갖 제품을 배달해주는 시스템을 갖추고 있습니다. 특히 온갖 음식을 각 가정에 배달해주는 서비스는 단연코 세계 최고일 것입니다. 비가 오나 눈이 오나 길어야 30분 안팎이면 벌써 배달 기사가 초인종을 누릅니다.

당장 소비할 돈이 없다고요? 사회는 신용카드라는 마법의 지팡이를 만들어 사람들의 지갑 속에 넣어줍니다. 신용카드는 당장에 돈이 없어도 '할부'라는 미끼로 필요 이상의 소비에 빠져들도록 유혹하죠. 신용카드가 보급된 이후 신용불량자 수가 급증했음은 누구나 알고 있는 사실입니다. 신용카드는 소비 능력 이상의 일상적인 소비를 부추기며 소비 중독을 대중적으로 퍼뜨리는 마법을 부립니다.

학문이나 정부의 정책도 한몫 거듭니다. 현대사회가 모두에게 풍요의 시대를 선사했다는 메시지를 끊임없이 던집니다. 인간에게 가장 성스러운 자유는 원하는 것은 무엇이든 살 수 있는 선택의 자유, 즉 소비의 자유에 있다고 설교합니다. 인간으로서 가장 가치 있는 삶은 더 많은 소비를 하면서 누리는 기쁨에 있다고 속삭이는 거죠. 마치 신체 곳곳에 퍼져 있는 모세혈관처럼 이 모든 장치가 매일 작동하며 우리를 끊임없이 자극하고 있습니다.

게임 중독도 사회적인 조건과 긴밀하게 연관됩니다. 게임에 과도하게 몰입하는 청소년은 상대적으로 성적이 하위권인 학생 가운데 자주 발견됩니다. 점수 줄세우기 경쟁에서 뒤처진 학생이 우리나라 학교에서 자신의 가치를 확인하기란 쉽지 않습니다. 학교든 가정에서든 무시당하기 일쑤이니까요. 갈수록 일상에 흥미는 없어지고 게임처럼 현실을 잠시 잊을 수 있는 또 다른 출구를 찾게 됩니다.

게임을 하는 순간 숨 막히는 현실, 무시만 당하는 구차한 현실에서 벗어납니다. 게다가 현실에서는 받지 못했던 보상을 즉각적으로 받게 되죠. 사실 좋은 성적을 하루아침에 얻을 수 있는 건 아닙니다. 어른들이 회사에서 일하고 받는 직무평가도 마찬가지입니다. 짧게는 몇 년에서 길게는 십 년 이상의 누적된 결과로 나타납니다. 하지만 게임은 단 며칠만 잠을 설치며 몰입하면 점수가 크게 높아지거나 상대를 제압하는 쾌감을 안겨줍니다. 그만큼 현실에서는 경험하기 어려운, 타인의 인정과 스스로에 대한 자부심을 느끼는 거죠. 수치화된 성과로만 인생의 성공과 실패를 판가름하는 사회구조에서 게임 중독자는 날로 증가하는 경향을 보이고 있습니다.

관계 중독도 사회가 유포한 문화적인 요인이 적지 않습니다. 십여 년에 이르는 초등·중등·고등학교 시절부터 성인에 이르기까지 자기 자신과 대화할 수 있는 기회가 사실상 차단되어왔습니다. 앞서 언급했듯이 우리 사회는 성적이나 승진이라는 획일적인 평가기준에 의해 개인의 가치를 규정하는 사회입니다. 혼자 독서를 한다든가 예술작품 감상에서 기쁨을 얻는 훈련을 받은 적이 거의 없습니다. 오히려 혼자 있는 시간을 견딜 수가 없고, 심지어 혼자만의 시간을 비어 있거나 가치 없는 시간으로 여기게 되었습니다. 그 결과 타인이 없는 시간을 견디지 못하고 오프라인이든 온라인이든 어떻게 해서든지 관계에 집착하게 된 것입니다.

우리 사회 전반에 팽배해 있는 집단주의 문화도 적지 않은 영향을 끼칩니다. 한국은 개개인이 자신의 고유한 다양성을 인정받고, 나름의 취향과 꿈을 존중해주는 사회가 아닙니다. 자유롭고 독립적인 개인인 '나'보다는 의무감으로 가득한 집단으로서의 '우리'를 강조하는 문화가 오랜 기간 뿌리를 내렸죠. 이는 민주화를 이룬 현재까지도 사회 곳곳에 남아 있습니다. '우리'라는 무리에서 벗어나는 순간 이방인 취급을 받으며, 때로는 온갖 혐오와 차별까지 감수해야 하죠. 어떻게 해서든 집단에 끼기 위해 애쓸 수밖에 없습니다. 요즘 유행하는 말로 '인싸(인사이더)'의 삶을 살기 위해 말이죠. 하지만 이것이 온전한 개인으로서의 상태에서 벗어나 집단 안으로 늘 회귀하고자 하는 관계 중독 현상을 심화시키고 있습니다. SNS의 '좋아요'에 흐뭇한 미소를 지으면서 말이죠.

05

수상한 미술 이야기

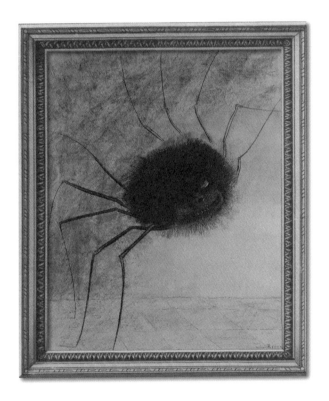

지긋지긋한 중독에서 벗어나기 위하여

오딜롱 르동 〈미소 짓는 거미〉 1881년

Odilon Redon, 1840~1916

| 중독 사회의 촘촘한 거미줄 |

상징주의 미술의 선구자인 프랑스 화가 오딜롱 르동^{Odilon Redon,}
^{1840~1916}의 〈미소 짓는 거미〉라는 작품을 소개합니다. 서유럽에서
일상 속의 자연과 인간의 모습을 재현하는 데 몰두한 인상주의 미
술이 유행하던 시절에 오딜롱 르동은 자신만의 신비롭고 독특한 상
징주의 미술 세계를 창조했습니다. 특히 그는 검은색 그림을 자주
그렸는데, "대단히 독특한 환상세계, 질병과 광란의 환상세계를 새
롭게 만들어내는 것"을 위한 방편이었다고 합니다.

캔버스 가득 커다란 거미 한 마리가 자리하고 있습니다. 가늘고
긴 8개의 다리로 몸을 지탱하고 있는데, 마치 촉수처럼 다리가 사
방으로 퍼져 있습니다. 특이하게도 이빨을 드러내고 우리를 쳐다보
며 음흉하게 미소 짓는 얼굴이 보입니다. 얼핏 보면 사람 얼굴 같기
도 하고, 한편으론 상상 속의 악마 얼굴 같기도 합니다. 거미의 입
가에 띤 회심의 미소는 한참 동안 먹이를 노리다 마침내 포획에 성
공한 사냥꾼의 의기양양한 미소로도 보이는군요.

그런데 먹이는 대체 어디에 있는 걸까요? 화가는 그림을 통해 우
리에게 힌트를 주고 있습니다. 자세히 보면 거미의 발 아래로 사각
형 선이 가늘고 규칙적으로 그려져 있습니다. 거미줄을 상징하는
것 같습니다. 다만 일반 거미줄처럼 허공이 아닌 바닥에 묘사된 것
으로 봐서 이 세상이 거미줄이라는 생각을 상징적으로 표현한 게
아닌가 싶습니다.

배경에 약간 색을 입혔을 뿐 거미의 몸 전체가 검은색인 점도 이채롭습니다. 그의 말대로라면 뭔가 질병과 광란의 환상세계를 표현하려는 의도였겠지요. 그림의 단서들을 종합해보면, 이 세상이 사람들을 거의 정신질환에 이를 정도로 촘촘한 거미줄에 묶어놓았다는 메시지로 해석할 수도 있겠군요.

르동의 그림을 보니 현대사회에 만연한 중독 증상이 떠오릅니다. 거미줄의 효과는 중독의 특징과 여러모로 비슷한 점이 참 많습니다. 거미는 거미줄을 넓게 펼쳐놓아 벌레들이 걸리도록 유도하죠. 한 번 걸리면 끈적끈적한 거미줄에서 빠져나오지 못합니다. 위기를 느낀 먹잇감이 벗어나려고 몸부림칠수록 거미줄에 더 단단히 묶일 뿐이죠. 중독도 마찬가지입니다. 중독자 중에는 일정한 단계에서 스스로 문제가 있다고 여기는 사람이 꽤 있습니다. 하지만 충동을 조절하거나 자제할 수 없습니다. 거미줄에서 허우적대듯이 정신과 몸이 마비된 상태에서 빠져나오지 못하는 것입니다. 중독에 갇힌 현대인의 신세가 거미줄에 걸린 먹잇감과 다르지 않습니다.

앞에서도 살펴보았듯이 현대사회는 사람들이 쉽게 중독에 빠지도록 온갖 장치를 마련해놓았습니다. 잘 보이지 않지만 끈적거리는 거미줄처럼 말이죠. 심지어 그림 속 거미의 수많은 다리만큼이나 새로운 중독을 끊임없이 만들어냅니다. 게임·소비·관계 중독만이 아니라 일 중독·알코올 중독·니코틴 중독·설탕 중독·카페인 중독·마약 중독·성형 중독·도박 중독·섹스 중독 등 온갖 매개를 통해 무수한 중독을 생산하죠. 물질이든 행위든 혹은 관계든 자기 외부의 뭔가에 끊임없이 집착하도록 부추깁니다.

그러한 의미에서 현대사회는 중독 사회라고 불러도 과언이 아닙니다. 왜냐하면 다수의 중독을 불러일으켜야 유지되는 사회구조이기 때문이죠. 우리가 살아가는 시장경쟁 만능주의 시스템은 각종 중독을 조장함으로써 더 잘 작동되고 유지되는 측면이 있습니다. 시스템 전체가 무한성장과 더 많은 이윤 추구라는 중증 중독 상태에 빠져 있으니까요. 또한 중독이 비정상이 아닌 정상으로 받아들여져야 더 잘 작동합니다. 그러한 의미에서 중독은 현대사회의 산물인 동시에 현대사회를 지탱하게 만드는 기둥이기도 합니다.

| 스스로를 옥죄는 거미줄에서 벗어나려면 |

중독을 불러일으키는 요인의 상당 부분이 사회적 요인 때문이라면, 문제를 해결하는 방향도 당연히 사회적인 차원에서 이루어져야 합니다. 즉 중독은 인간의 타고난 본성이니 중독을 어쩔 수 없는 경향으로 여기거나, 개인에게 책임을 떠넘김으로써 중독 확대를 방조해서는 안 된다는 뜻입니다.

특히 우리나라는 세계적으로도 손꼽힐 만큼 극심한 중독 사회입니다. 따라서 우리가 생각하는 것보다 훨씬 더 많은 사람들이 중독 때문에 고통을 받고 있죠. 따라서 국가의 책임을 훨씬 더 비중 있게 받아들여야 합니다. 앞으로 국가가 제도와 정책을 통한 문제해결에 적극적으로 나서야 하는 이유입니다.

먼저 소비 중독을 중심으로 어떻게 사회적 해결을 도모할 수 있는지 살펴볼까요? 국가가 행사할 수 있는 법과 제도가 적지 않습니다. 소비문화를 과도하게 전파하는 대형 쇼핑몰의 무분별한 허가에서 벗어나야 합니다. 물론 자유시장경제에서 있을 수 없는 불가능한 일이라고 발끈하며 반박하는 사람이 꽤 있을 듯합니다. 하지만 이는 시장경제 원리에 대한 무지입니다. 자본주의라고 해서 투자와 이윤의 자유가 무제한 허용되는 건 아니니까요.

실제로 유럽 국가 중에는 주말에 대형 쇼핑몰 영업을 제한하는 나라가 많습니다. 무엇보다 도심지에 대형 쇼핑몰이 들어서는 것을 적극 방지하고 있습니다. 예컨대 정부 차원에서 교통영향 평가나 환경영향 평가를 적극 적용함으로써 막는 거죠. 우리처럼 대도시 도심이나 부도심의 주요 사거리마다 대여섯 개의 대형 쇼핑몰이 몰려 있는 나라는 찾아보기 어렵습니다. 앞으로 우리나라도 교통과 환경에 대한 한층 능동적인 평가 제도를 통해 도심이 쇼핑몰로 가득한 현실을 개선해야 할 필요가 있습니다.

상습적으로 소득을 초과하는 소비 행위를 유혹하는, 심지어 신용불량에 이를 때까지 지출을 유혹하는 신용카드에 대한 대책도 중요합니다. 무엇보다 신용카드 남발을 제한하는 정책이 필수적입니다. 정기적인 수입이 일정 부분 보장된 사람으로 발급 허용 조건을 분명하게 해야 합니다. 수입이 없거나 불안정한 경우에는 엄격하게 제한할 필요가 있습니다. 아울러 신용카드 사용가능 액수를 더 세밀하게 소득에 연동하는 방법도 적용해야 합니다.

소비 중독의 주요 원인 중 하나인 광고에 공적으로 개입하는 것도 하나의 방법입니다. 요즘은 프로그램 도중에 광고를 삽입하는 중간광고까지 판을 치고 있습니다. 중간광고가 금지된 지상파 방송까지 프로그램 하나를 1부와 2부로 쪼갠 뒤 별개 프로그램이라고 우기며 중간광고를 삽입하는 꼼수를 부립니다. 고질적인 과소비를 억제하고, 나아가 완결적인 프로그램을 방해받지 않고 감상할 시청자의 권리 보장을 위해서라도 중간광고를 금지시킬 필요가 있습니다. 또한 많은 나라에서 민영이면 상업 광고로, 공영이면 시청료로 운영되는 것이 상식입니다. 따라서 공영방송 명목으로 매년 국민으로부터 6천억 원이 넘는 수신료를 받는 KBS라면 광고를 제한할 필요도 있습니다.

요즘에는 컴퓨터나 스마트폰을 통한 온라인 광고의 폐해도 심각한 수준입니다. 이미 TV광고보다 규모도 커졌습니다. TV는 최소한 광고 타이밍이라도 알 수 있어 원하지 않을 때 다른 채널로 돌려 회피할 수 있습니다. 하지만 유튜브를 비롯한 온라인 광고는 시작부터 중간중간 불쑥 광고가 튀어나와 시청자가 조절하기도 어렵습니다. 명시적이든 암묵적이든 동의를 무시한 광고가 무제한 쏟아지죠. 억지로 봐야 하기에 당연히 콘텐츠 감상을 방해받습니다. 이러한 온갖 광고들의 제한을 적극 검토할 필요가 있습니다.

온라인 기사를 볼 때도 사정은 마찬가지입니다. 갑자기 툭 튀어나온 광고가 성가시게 계속 따라다니며 시야를 방해하기 일쑤입니다. 인터넷 포털 사이트에서 검색을 하면 관련 업체의 광고들로 가득하죠. 이른바 맞춤형 광고를 일방적으로 제공하는 것입니다. 앞으로는 돌출 광고나 맞춤형 광고의 동의 여부를 확인하는 절차가 법적으로 강제되어야 합니다. 검색을 할 때 광고를 최상단이 아니라 밑에 노출되도록 하는 규제도 생각해볼 수 있습니다.

게임 중독과 관계 중독의 해결도 소비 중독의 예와 마찬가지로 단순히 개인적인 문제로만 치부하여 개인에게 책임을 떠넘길 것이 아니라 법과 제도, 정책을 통한 적극적인 조치가 마련되어야 할 것입니다. 다만 소비 중독과 달리 상대적으로 규제보다는 대안에 초점을 맞춘 정책이 필요합니다. 예컨대 게임이나 방만한 인간관계가 아니어도 인생에서 충분히 의미와 즐거움을 누릴 수 있는 다양한 프로그램을 개발하여 보급하는 방식입니다. 건전하면서도 재미까지 제공하는 다채로운 취미생활의 육성 및 관련 시설과 인력을 공공기관에서 적극적으로 제공하는 거죠.

근본적으로는 초·중·고등학교 교육과정에서 양적으로 수치화된 성적으로 줄을 세우는 방식의 교육과 입시 정책에 일대 전환이 이루어지지 않는 한 문제해결은 요원할 것입니다. 최소한 누구나 대학에 진학하지 않더라도 자기 분야에서 성실하게 노력한다면 사회적으로 인정을 받고 최소한의 안정된 생활이 가능하도록 보장하는 사회 개혁이 전제되어야 하겠죠.

이를 위해서는 성적 이외에도 학생 개개인의 다종다양한 취향과 전망을 존중하는 교육 시스템, 나아가 외부적인 자극보다 자기 자신에게서 삶의 의미나 가치를 찾을 수 있도록 교육 혁신이 이루어져야 합니다. 단지 남에게 뒤처지기 싫다는 이유로 원치 않는 획일적인 기준에 마지못해 자신을 억지로 끼워 맞추기보다는 누구나 각자 자신의 개성과 능력을 자유롭게 탐색하고 또 이를 마음껏 표현할 수 있는 다양성이 보장된 그런 사회를 꿈꿔 봅니다.

"사방팔방 도사리고 있는 공포 때문에 질식할 것 같아요!"

THEME #4

우리를
두렵게 만드는
것들에 관하여

01

폭력이 난무하는 사회에서 살아간다는 것

막스 베크만 〈밤〉 1919년

Max Beckmann, 1884~1950

| 가학적 폭력으로 얼룩진 어느 날 '밤' |

독일 화가 막스 베크만^{Max Beckmann, 1884~1950}의 작품 〈밤〉은 마치 폭력의 전시장을 보는 듯 소름 끼치는 잔인함을 안겨줍니다. 이 그림은 세 명의 흉악무도한 침입자에 의해 일가족이 처참하게 희생된 상황을 묘사하고 있습니다. 왼편으로 남편의 목을 줄로 매달아 조르고 있는데, 그 와중에 또 한 명의 악당이 손을 비틀고 있습니다. 고통스러운 비명을 질러보지만, 범죄자들은 아랑곳하지 않습니다. 천연덕스럽게 담배 파이프를 물고 있는 모습이 아무 죄책감 없이 악행을 즐기는 표정입니다.

성폭행을 당한 것으로 짐작되는 부인은 속옷까지 벗겨진 채 하반신이 드러나 있습니다. 손이 기둥에 묶이고 다리가 벌어진 상태로 끔찍하게 방치되어 있죠. 여기에서 그치지 않고 모자를 쓴 험상궂은 인상의 악당이 소녀를 들어 올려 다음 재물로 삼으려 합니다. 소녀가 남자의 바짓가랑이를 붙잡고 사정하지만 별로 소용없어 보입니다. 아래로 불이 꺼진 촛대가 쓰러져 있는데, 죽어가는 남편의 가망 없는 상황을 상징적으로 알립니다. 바로 옆의 촛대는 곧 넘어질 듯 기울어져 있는 모습이 나머지 가족도 곧 죽음에 이를 것을 암시하죠. 바닥에 나뒹구는 접시는 이날 밤 안전과 평화가 산산조각 난 상황을 나타내는 것 같습니다.

이토록 끔찍한 폭력을 묘사한 그림에 제목을 붙이라고 하면 여러분은 어떤 단어를 떠올릴까요? 아마도 범죄, 살인, 공포, 야만, 폭력

등의 단어들이 떠오를 것입니다. 그런데 화가는 어찌 보면 고요하고 한가해 보이는, "밤"이라는 제목을 붙였습니다. 분명 뭔가 의도가 있을 텐데 대체 어떤 이유일까요?

'밤'은 특별한 상황이나 가치판단이 배제된 일상적 표현입니다. 폭력이 일상화된 사회에서 화가에게 밤은 곧 폭력에 의한 희생 가능성과 거의 동의어처럼 여겨졌을 거라고 추측해 봅니다. 특히 이 그림은 제1차 세계대전이 끝난 직후의 작품입니다. 전쟁 중에는 대규모 살육이 특별한 사건이 아닌 일상이죠. 실제로 이 그림을 그린 베크만은 야전병원의 위생병으로 입대했는데, 아마도 기관총과 대포를 향해 진격하다 부상당한 병사들의 모습, 팔다리가 잘려 나가고 내장이 튀어나온 끔찍한 모습들을 수도 없이 목격했을 것으로 짐작됩니다. 그런데 이 그림은 전쟁이 끝나고 난 후의 작품입니다. 아마도 작가의 눈에는 일상으로 돌아온 후에도 전쟁터와 다름없이 여전히 폭력으로 얼룩진 사회를 겪으면서 '밤'이라는 지극히 일상적 단어로 표현한 게 아닐까요?

| 지금도 우리는 일상화된 폭력 속에서 살아간다 |

베크만이 겪은 20세기 초와 백 년이 지난 현재의 시대적 상황 사이에는 적지 않은 차이가 있습니다. 하지만 폭력이 일상 속에 뿌리내리고 있다는 점만큼은 크게 다르지 않은 것 같습니다. 우리나라의 폭력 수준은 심각한 상태입니다. 아주 어릴 때부터 폭력을 목격하거나 때로는 직접 겪기도 합니다. 특히 가장 가까운 대상에 의해 자행되는 폭력인 가정폭력은 신체적 상해는 물론 정신적으로도 깊은 내상을 남기는 심각한 범죄입니다. 최근 부모의 학대로 어린 자녀가 사망했다는 안타까운 뉴스를 종종 접할 수 있죠.

경찰청 경찰통계연보에 의하면 가정폭력 검거 건수는 매년 약 4만 건이며, 가정폭력 검거 인원도 4~5만 명에 이른다고 합니다. 다만 이 수치는 신고가 되어 법적인 조치가 이루어진 사건에 국한됩니다. 하지만 가정폭력의 특성상 밖으로 알려지지 않은 채 가정 내에서 암암리에 묻히는 경우가 많죠. 그런 점을 감안하더라도 가정폭력의 증가 추세는 심상치 않습니다. 여성 긴급전화 1366 가정폭력 상담 이용 현황을 담은 통계청 자료를 보면 가정폭력은 더욱 가까이 있습니다. 2015년에 약 15만 건에서 빠른 증가를 보이다가 최근에는 일 년에 약 20만 건에 육박한다고 합니다.

요즘에는 연애 과정에서 폭력을 경험하는 사례도 적지 않습니다. 경찰청에 따르면 데이트폭력 피해자의 신고가 빠르게 늘고 있다고 합니다. 몇 년 전까지 일 년에 약 1만 건이던 신고 건수가 최근에는 약 2만 건에 달한다고 하니, 불과 수년 사이에 2배나 증가한 셈입니다. 가정폭력이든 데이트폭력이든 신고나 상담 전화를 할 용기조차 내지 못한 사람도 많을 것이라는 점을 감안하면, 실제 피해자는 훨씬 더 많을 것이라는 예상이 충분히 가능합니다. 이러한 사정까지 고려하면 얼마나 많은 사람들이 일상에서 폭력의 공포 앞에 무방비

상태로 노출되어 있는지 알 수 있습니다.

또한 청소년들은 학교에서도 직접이든 간접이든 학교폭력에 노출되어 있습니다. 요즘에는 초·중·고등학교에 설치된 학교폭력위원회에서 일차적으로 심의를 담당하고, 교육지원청 내에 소위원회를 두어 사안을 처리하도록 합니다.[1] 최근 3만 건이 넘는 심의 건수가 접수되었다고 하는데, 가정폭력과 마찬가지로 학교폭력 역시 각 학교위원회에 신고가 되어 심의에 들어간 건수보다 훨씬 더 많은 사건이 일어나고 있습니다. 가해 학생의 보복이 두려워 억울해도 침묵을 지키는 경우가 다반사이니까요. 또한 심의건수가 하나라 하더라도 대체로 오랜 기간 지속적으로 폭력에 시달리다가 견디다 못해 드러난 것이라고 봐야 합니다. 여기에 일회성 폭력까지 포함한다면 학교 내에서 폭력이 얼마나 빈번한 일상인지를 짐작할 수 있습니다.

사회에서 발생하는 다양한 범죄에 의한 폭력도 무시할 수 없습니다. 통계청이 발표한 '한국의 사회지표'에 따르면 최근 한 해 범죄 발생 건수는 약 180만 건이고, 이 중 상대적으로 무거운 죄인 형법을 어긴 범죄는 약 90만 건을 넘습니다. 지난 10여 년간 형벌은 대폭 무거워졌지만, 형법 범죄 가운데서도 가장 흉악한 강력범죄는 꾸준히 증가해왔습니다. 강력범죄란 다섯 가지 흉악 범죄, 즉 살인·강간·폭력·절도·강도 행위를 뜻합니다. 법무부의 범죄백서

....
1. 2015년 기준으로 집계된 학교폭력 심의 건수는 약 2만 건에 이른다. 이후 계속 빠른 증가세를 보이다가 최근에는 약 3만 2천여 건을 훌쩍 넘어섰다.

에 따르면, 흉악 강력범죄 발생 건수가 10년 전의 경우 약 2만 5천 건에서 현재는 한 해에 약 3만 5천 건을 넘어섰습니다. 불과 10년 사이에 강력범죄율이 거의 50퍼센트 가까이 증가한 셈입니다.

당연한 결과겠지만 이러한 범죄를 일상 속에서 직·간접적으로 계속 접하고 있는 국민의 두려움도 날로 커질 수밖에 없습니다. 통계청의 같은 지표에서 국민 가운데 범죄 발생에 대해서 '안전하다'고 느끼는 비율은 17.2퍼센트인 한편, '불안하다'고 느끼는 비율은 그보다 훨씬 높은 50.8퍼센트에 이른다고 합니다. 우리가 얼마나 일상적으로 폭력에 노출된 채 두려움을 느끼며 살아가고 있는지를 잘 보여줍니다.

따돌림이 일상화된 사회의 비극

클로드 모네 〈트루빌 해안〉 1881년

Claude Monet, 1840~1926

| 이 세상에서 외톨이로 살아간다는 것 |

프랑스의 대표적인 인상주의 화가 클로드 모네^{Claude Monet, 1840~1926}의 〈트루빌 해안〉은 일반적인 풍경화와 조금 다른 느낌을 줍니다. 보통 풍경화라고 하면 자연의 아름답고 웅장한 모습에 감동한 화가의 벅찬 느낌이 담겨 있습니다. 말하자면 여행 갔을 때 멋진 풍경에 "와, 그림 같다!"라는 감탄이 절로 터져 나오는 절경을 캔버스에 담아내는 방식이죠. 숲이 울창하게 우거진 산과 갑자기 요정이라도 툭 튀어나올 것 같은 신비로운 계곡, 따사로운 햇살이 쏟아지는 한적한 강변, 산책하고 싶은 욕구가 샘솟는 고즈넉한 시골길이 자주 등장합니다. 바닷가라면 깎아질 듯 웅장한 기암절벽이나 쉴 새 없이 밀려오는 힘찬 파도에 주목하겠죠.

하지만 이 그림은 어느 해안가 귀퉁이의 딱히 매력을 찾기 어려운 볼품없는 장면을 담았습니다. 실제로 트루빌은 프랑스 서북부 해안에 위치한 항구 도시입니다. 그림에 묘사된 것은 잡초가 어지럽게 돋아난 흔한 언덕입니다. 바위에 파도가 부딪히는 장관이 연출된 것도 아니고, 그렇다고 하늘의 구름이 특별히 멋져 보이지도 않습니다. 이 그림의 주인공 자리를 꿰차고 있는 것은 어딘지 모르게 어색하게 서 있는 빈약한 나무 한 그루입니다.

이 나무는 가지가 힘차게 뻗지도 않았고 이파리도 그리 울창하지 않습니다. 그럴듯한 꽃이나 열매가 보이지도 않죠. 심지어 나무를 떠받치고 있는 기둥마저 심히 위태로워 보입니다. 조금만 강한 바람이 불면 금세 뿌리가 뽑힐 만큼 아슬아슬하게 휘어 있으니까요. 오랜 시간 거센 바닷바람을 홀로 온몸으로 받아내며 모진 세월을 견뎌내다 보니 저토록 괴이하게 휘어버렸겠지요. 저편에 보이는 나무들은 무리지어 자라났기 때문에 바람이 불더라도 함께 받아내면서 서로에게 힘이 되었을 것입니다. 하지만 이 나무는 외톨이라서 의지할 데 없이 홀로 외롭게 버텨내다 이제는 거의 바닥에 드러누울 정도로 기형의 몸을 갖게 되었습니다.

모네는 왜 이렇게 사람들이 눈길조차 주지 않을 것 같은 볼품없는 나무를 그렸을까요? 아마도 자신이 살아온 날과 현재의 처지를 이 나무에 담아낸 것이 아닐까 추측할 수 있습니다. 실제로 모네는 항상 여기저기 떠돌며 외롭게 살아야 했으니까요. 어려서부터 지속된 지긋지긋한 가난에 가족과는 지독한 불화를 겪었습니다. 화가가 되어서도 구매자나 후원자에게 이름을 알리는 통로인 살롱전 출품을 계속 거절당했죠. 지금이야 인상주의 대표주자로 칭송을 받고 있지만, 살아생전 그의 그림은 미완성 스케치에 불과하다며 저급한 취급을 받았습니다.

그림이 팔리지 않으니 두 아이의 아빠였던 모네의 경제적 고통은 더욱 클 수밖에 없었습니다. 게다가 1879년에는 쪼들리는 살림 때문에 쇠약해진 부인이 모네를 남겨둔 채 세상을 떠나고 맙니다. 그의 그림은 조롱거리 취급을 받으며 아기에게 먹일 음식조차 살 수 없었죠. 모네는 이 그림을 통해 현실을 옭죄는 고통 속에 외톨이로 방치된 자신의 상황을 묘사한 듯합니다.

| 홀로 고통을 감당해야 하는 사람들 |

우리 현실에서도 〈트루빌 해안〉의 의지할 곳 없는 나무처럼 외톨이로 고통당하는 사람들이 많습니다. 왕따라고도 불리는 집단따돌림은 학교에서도 왕왕 나타나고 있으니까요. 집단따돌림은 청소년 비행의 단골손님으로, 입시 문제와 함께 우리나라 청소년 자살의 주요 원인이기도 합니다. 전국교직원노동조합을 비롯하여 학생 관련 여러 단체에서 설문조사한 바에 따르면 대략 응답자 가운데 4~5퍼센트 정도가 집단따돌림을 당한 경험이 있다고 합니다. 이 중 반 이상이 다른 사람의 상담이나 도움을 요청하지 않은 채 홀로 고통을 감내하고 있는 것으로 나타났습니다.

그런데 집단따돌림은 단지 청소년에 국한된 문제가 아니라 성인이 된 직장인들에게도 상당히 퍼져 있다는 점에서 전 계층에 걸친 사회문제라고 볼 수 있습니다. 여러 취업 관련 기관의 설문조사에 의하면, 직장인 가운데 약 절반 가까이가 '직장에 왕따가 있다'라고 대답하고, 이 가운데 반 이상이 '왕따 문제로 퇴사한 직원이 있다'라고 답했으니까요.

집단성이 강한 군대에서도 집단따돌림은 예외가 아닙니다. 흔히 '관심병사'라고 불리는 사병이 따돌림의 표적이 되죠. 선임 병사는 물론이고 동료 병사들에 의해 외톨이 신세로 괴롭힘을 당합니다. 군대는 아직까지도 워낙 권위적인 체계와 수직적인 문화가 만연해 있기 때문에 학교나 직장보다 훨씬 더 문제를 드러내기 어렵다는

왕따와 집단괴롭힘

왕따란 사전적으로 '따돌림'의 속된 표현이죠. 과거에는 일부만 사용하는 은어에 가까웠지만, 어느새 급속도로 퍼져나가 이제는 어른 아이 할 것 없이 사용되고 있습니다. 최근 왕따는 집단괴롭힘의 형태로 조직적으로 이루어지면서 학교폭력의 주요 사례로 꼽힙니다. 정보통신 기술의 발달과 함께 최근에는 사이버 따돌림이라고 하여 인터넷, 스마트폰 등의 정보통신기기를 사용하여 특정 학생에 대해 지속적으로 집요하게 심리적인 공격을 가한다거나, 허위사실을 유포하는 형태의 집단괴롭힘이 또 다른 심각한 학교폭력 양상으로 떠오르고 있습니다.

또 최근 직장인들 중에는 자발적 '아싸(아웃사이더)'의 삶을 선택하는 사례도 늘고 있다는 뉴스를 접했습니다. 코로나 19로 인한 사회적 거리두기의 영향도 있겠지만, 아싸 생활을 선택한 가장 큰 이유로 인간관계에서의 스트레스를 첫 번째로 꼽았죠. 그렇지만 반대로 이러한 선택 때문에 직장 내에서 중요한 정보를 공유받지 못하거나, 업무 협조를 받지 못하는 문제와 함께 동료들로부터 은근한 따돌림을 받게 되었다고 합니다. 하지만 이러한 불이익에도 불구하고 자발적 아웃사이더를 선택한 사람들의 약 90퍼센트는 앞으로도 아싸 생활을 계속해 나갈 것이라고 답했다고 하는데, 이러한 답변 또한 고독하고 쓸쓸한 현대사회 인간관계의 한 단면을 보여주는 것 같아 쓸쓸한 생각이 듭니다.

점에서 피해자의 고통도 더 큽니다. 나아가 학교나 직장은 저녁이 되면 집단따돌림의 현장에서 일시적이나마 벗어날 수 있습니다. 하지만 군대는 24시간 내내 가해자들과 함께 한 집단 내에서 머물며 생활해야 하기 때문에 하루하루 지옥 같은 일상을 경험해야 하죠.

요즘 같은 정보화시대에는 온라인 집단따돌림도 큰 문제로 떠오르고 있습니다. 스마트폰을 이용하여 특정 대상에게 반복적으로 심리적 공격을 가하거나, 개인정보 또는 허위사실을 유포하여 고통을 느끼도록 하는 행위입니다. SNS의 발달과 함께 빠르게 확산되는 중입니다. 개인적으로 문자를 수시로 보내거나 SNS에 여러 사람이 조직적으로 악성댓글을 줄줄이 달며 괴롭히는 거죠. 학교나 직장의 홈페이지, 혹은 다수가 공유하는 밴드, 카페나 블로그 등의 게시판에 악의적인 허위사실이나 내밀한 개인정보까지 지속적으로 올리는 신상털기도 서슴지 않습니다. 온라인 따돌림 때문에 직장을 그만두거나 심지어 자살에 이르는 참으로 불행한 결과까지 접하기도 합니다. 인격 살해를 방불케 하는 그런 집단괴롭힘 속에서 어느 누구에게도 도움을 요청하지 못한 채 홀로 외롭게 버텨야 한다면 아무리 강단 있는 사람이라도 깊은 내상을 입게 됩니다. 오랜 세월 홀로 모진 바닷바람을 맞으며 괴이한 모습으로 휘어진 채 위태롭게 버티고 있는 저 그림 속의 나무처럼 말이죠.

평범한 일상이 두려움으로 가득 찰 때

한스 밸러스첵 〈기차역〉 1904년

Hans Baluschek, 1870~1935

| 산업화 이면에 도사리고 있는 위협과 두려움 |

독일 화가 한스 밸러스첵Hans Baluschek, 1870~1935의 〈기차역〉은 산업화 초기의 모습을 묘사했습니다. 밸러스첵은 산업혁명으로 변화된 베를린의 도시 풍경을 적극적으로 화폭에 담아낸 화가입니다. 굉음을 울리며 달리는 기차, 공장이 즐비한 도시, 번잡한 거리와 일하는 사람들을 자주 그렸죠.

이 그림에서 묘사하고 있는 건 이른 새벽의 기차역입니다. 아직 태양이 채 날을 밝히지도 않은 이른 시간이죠. 멀리서 어렴풋이 어둠을 걷어내는 빛이 아주 조금씩 올라올 조짐을 보이고 있습니다. 대부분의 사람들은 아직도 잠에 빠져 있을 것입니다. 그게 아니면 이제 막 일어나서 하루를 시작할 새벽 시간인데, 벌써부터 기차역은 분주하기만 합니다. 수많은 기차들이 역에서 연기를 씩씩 뿜어내며 곧 출발할 채비를 하고 있죠.

금방이라도 철로 만든 기차가 굉음을 내며 철길 위를 달릴 것 같습니다. 철도가 발달하면서 생산에 필요한 물자를 대도시의 공장으로 집중시킬 수 있게 되었습니다. 또한 정해진 궤도를 달리면서 한 번에 수많은 승객을 산업시설까지 데려다줄 수 있게 되었죠. 산업도시는 이처럼 철도와 버스를 비롯한 대규모 대중교통망을 통해서 급속하게 규모를 확대해 나갔습니다.

우리나라도 이와 비슷한 경로를 밟아왔습니다. 산업화와 현대식 교통체계의 발달이 궤를 함께하면서 한국의 근대화가 이루어졌으니까요. 전국 도로망과 철도망으로 물자와 사람이 이동함으로써 산업화의 초기 기반을 마련했습니다. 철도망과 도로망의 요충지에 산업도시가 만들어지고 현재의 대도시로 발돋움했죠. 서울을 비롯한 인천·대전·대구·부산 등이 근대화 과정에서 대표적 산업도시로 확장되었습니다. 심지어 서울은 현재 인구 천만 명을 넘어서는 세계에서도 몇 안 되는 초대형 도시가 되었죠.

그러한 의미에서 〈기차역〉에서 연기를 뿜어대며 기차들이 울리는 우렁찬 기적소리는 근대화를 향한 진군의 나팔 소리와 다름없습니다. 그런데 이 그림은 또 다른 느낌도 전해줍니다. 지축을 울리며 새벽의 고요를 깨는 시커먼 기차들이 어쩐지 인정사정없는 무시무시한 괴물처럼 보입니다. 십여 대의 기차가 동시에 움직이니 위협적으로 느껴지기까지 합니다. 어지럽게 펼쳐진 철로는 복잡한 미래를 암시하는 것 같기도 합니다.

20세기 초반만 해도 세간에는 근대화에 대한 장밋빛 전망으로 가득했습니다. 산업화가 인류에게 물질적 풍요를 선사하리라는 점을 누구도 의심치 않았으니까요. 그런 의미에서 기차는 풍요로운 미래로 우리를 데려다줄 상징과도 같았습니다. 과학과 의학의 발달로 안전한 삶이 가능해질 거라는 기대도 퍼졌습니다. 하지만 산업도시를 담은 밸러스책의 여러 그림은 희망적인 분위기라기보다는 대체로 검은색조의 어둡고 음울한 분위기를 띱니다. 아마도 산업사회가 주는 희망 이면에 도사리고 있는 위험과 두려움을 표현하고자 했던 게 아닐까 싶습니다.

| 일상을 파고든 다양한 공포에 관하여 |

실제로 현대사회에는 온갖 종류의 **공포**가 만연해 있습니다. 몇 가지 예를 들어볼까요? 거의 매년 신종 전염병에 의한 공포로 세계가 들썩입니다. 에이즈^{AIDS}는 1981년 첫 번째 환자 발견 이후 현재 세계적으로 약 4천만 명에 이르고, 아직도 매년 약 백만 명 정도가 사망합니다. 우리나라의 경우 질병관리본부에 따르면 약 1만 5천 명에 육박해 10년 전에 비해 2배 이상 늘어났습니다. 지난 십여 년 사이에 각종 신종 전염병도 두려움을 불러일으킵니다. 사스와 메르스에 이어 코로나19에 이르기까지 전 세계를 패닉상태로 몰아넣고 있습니다. 광우병·구제역·조류독감·아프리카 돼지열병 등과 같은 동물 전염병도 한 해가 멀다하고 유행하고 있죠.

환경 파괴에 의한 공포도 수십 년 사이에 폭발적으로 증가하는 추세입니다. 미세먼지에 대한 공포로 이제 마스크를 쓴 사람들의 모습은 일상이 되었습니다. 우리나라는 물관리가 상대적으로 잘 된 나라임에도 생수를 사 먹는 일이 상식이 된 지 오래입니다. 이상기온 현상에 의한 각종 피해도 어제 오늘의 일이 아닙니다.

원자력발전소 사고가 주는 공포는 더욱 파급력이 큽니다. 사고로 누출되는 세슘 등 방사능 물질은 극소량만으로도 암을 비롯한 각종 치명적인 위험을 초래합니다. 과거 소련의 체르노빌 사고 이후 세슘 등이 북반구 전역을 떠돌았으며, 주변 국가와 유럽에서는 농작물과 낙농 제품이 방사능에 오염되기도 했습니다. 2011년 후쿠

시마 원전 사고로 일본은 물론이고 주변 국가들도 광범위한 피해를 입어야 했습니다. 한국에서는 해양 오염에 따른 두려움 때문에 일본 앞바다를 통과하는 어종을 기피하는 현상이 나타났죠.

대형 사고에 공포를 느끼는 사람도 적지 않습니다. 비행기나 여객선, 전철 등 대규모 대중교통 수단 또는 대형 빌딩에 들어갈 때 공포를 느끼는 사람이 늘고 있다고 합니다. 특히 우리나라는 지난 수십 년간 성수대교 붕괴, 삼풍백화점 붕괴, 지하철 화재, 세월호 참사 등이 끊이지 않고 있어 사람들의 공포는 좀 더 심한 편이죠.

언제 자신에게 닥칠지 모르는 경제적 파산 공포도 빼놓을 수 없습니다. 대규모 정리해고가 일상화된 사회이기 때문에 언제 직장에서 쫓겨날지 모른다는 위기감이 팽배합니다. 40~50대에 해고가 되면 재취업도 어렵기 때문에 기나긴 100세 시대에 먹고 살 걱정과 두려움의 정도도 그만큼 클 수밖에 없습니다. 장사나 사업을 하는 사람도 경기 불황으로 워낙 파산 가능성이 높기 때문에 좌불안석이기는 마찬가지입니다. 일부를 제외한 대부분의 노년층이 노후대비가 절대적으로 부족한 상태라는 점도 두려움을 가중시킵니다.

| 위험사회와 시한폭탄을 안고 살아가는 사람들 |

인류 역사상 공포감을 안겨주는 위험은 늘 존재했습니다. 그렇기 때문에 이것이 비단 현대사회의 문제는 아니라고 반문할지 모르겠습니다. 물론 과거에도 위험은 있었죠. 하지만 전통사회의 위험과 현대사회의 위험은 그 정도와 폭에 있어서 상당한 차이가 있습니다. 이와 관련해서는 사회학자 울리히 벡^{Ulrich Beck}이 《위험사회》에서 제기한 다음 주장에 귀를 기울일 필요가 있습니다.

> "오늘날의 위험은 중세시대와 근본적으로 다르다. 근대화가 낳은 위험이다. 산업화가 낳은 대량산물이며 산업화가 지구적으로 전개되면서 체계적으로 강화된다. (…) 사람들의 정신을 발칵 뒤집어놓은 생태적 위험과 고도기술의 위험은 질적으로 새로운 것이다."

그에 의하면 현대를 규정짓는 가장 큰 특징이 위험입니다. 전통사회에도 위험은 있었지만, 주로 위생 관련 기술의 취약 때문에 발생하는 위험이었습니다. 지금은 흔하디흔한 항생제조차 없던 상황에서, 사소한 질병으로 수많은 사람이 목숨을 잃기도 했으니까요.

또 산업화 초기에는 극단적인 빈부격차가 주요 위험이었습니다. 부의 불평등한 분배로 인해 빈곤층은 기본적인 의식주조차 해결하지 못하는 상황이 발생했죠. 지금도 빈부격차는 여전히 큰 문제이지만, 적어도 선진국에서는 사회복지를 비롯하여 사회적 약자를 보호하는 조치를 통해 차이를 다소 완화시키며 위험 극복의 가능성을 열었죠.

산업화가 전 세계로 파급된 현재는 생태적 위험과 고도기술의 위험으로 나타납니다. 먼저 산업화 과정에서 이루어진 무분별한 개발은 생태계 파괴라는 부메랑으로 돌아와 우리 인류를 위협하고 있습니다. 이상기온에 의한 대규모 자연재해, 수질오염에 의한 안전한 식수 부족 문제, 대기오염에 의한 미세먼지 문제 등이 초래되었죠. 게다가 구제역·조류독감·광우병 등의 가축 전염병의 주요 원인이 대량생산을 위한 공장식 사육 때문이라는 점은 이미 잘 알려진 사실입니다. 많은 전문가들이 인류를 위협하는 신종 질병의 상당 부분이 환경 파괴와 깊은 연관성이 있다는 경고를 보내고 있죠.

고도기술의 위험은 다방면으로 나타납니다. 기술로 모든 문제를 해결할 수 있다는 기술만능주의 폐해의 대표적인 경우가 바로 원자력발전소입니다. 산업사회는 에너지에 대한 무제한적 소비를 전제로 무제한적 공급 확대 정책을 펴왔습니다. 하지만 기술에 절대적 안전을 장담할 순 없는 법이죠. 체르노빌이나 후쿠시마의 비극은 모두 원전기술 선진국에서 발생한 사고입니다. 방사능오염은 한번 문제가 생기면 수만 년 이상 지속된다는 점에서 인류에게 재앙과 다름없습니다. 유전자조작과 유전자식품의 영향 역시 아직까지 우리에게 얼마나 큰 피해를 줄지 명확히 밝혀진 바가 없습니다. 하지만 유전자의 특성상 여러 세대에 걸쳐 누적되어 문제를 일으키고, 일단 문제가 생기면 돌이킬 수 없다는 점에서 치명적이죠.

대도시에서 발생하는 대형사고도 기본적으로 기술만능주의와 연관이 있습니다. 대규모 수송수단, 대형빌딩 등은 고도로 발달된 기술의 결과물입니다. 하지만 수백 명 이상이 탑승하고, 수천 명 이상이 거주하는 공간은 아주 작은 관리 소홀로도 막대한 인명 손실을 초래할 수 있습니다. 위에서 열거한 모든 위험들이 대규모 인명 피해와 연결된다는 점에서 울리히 벡은 "발전한 산업문명은 위험생산에 있어서 전쟁이 갖는 파괴력을 일반화하고 상례화하는 것"이라고 했습니다.

이것이 끝이 아닙니다. 여기에 금융 위험도 추가됩니다. 전통적인 산업사회에서는 생산이 이윤의 원천이었습니다. 그러한 의미에서 산업자본주의였고, 생산으로 얻은 이익은 노동자에게도 충분히 돌아갔죠. 하지만 현대사회의 가장 큰 경제적 특징은 **금융자본주의**에 있습니다. 이제 이익은 노동자가 아닌 자본가에게만 집중됩니다. 심지어 투기자본에 의해 돈이 돈을 낳는 사회로 변질되면서 거품을 만들어내고 있죠. 하지만 거품은 언젠가 반드시 꺼지게 되어 있습니다. 1997년 미국에서 시작된 세계 금융 위기의 여파가 지금까지도 이어지고 있으니까요. 생산과 달리 투기자본에 의한 위기는 미국의 금융 위기가 그러했듯이 언제 터질지 모를 고장 난 시한폭탄처럼 예측이 어렵습니다.

우리가 살아가는 현대사회는 이렇듯 다양한 그리고 매우 심각한 위험 요인들이 곳곳에 자리하고 있으며, 심지어 우리의 일상 속 깊이 파고들어 있습니다. 따라서 사회 구성원인 우리는 필연적으로 이러한 위험 요인들을 안고 살아갈 수밖에 없죠. 어쩌면 공포를 전혀 느끼지 않는 것이 오히려 이상할 정도입니다.

04

수상한 미술 이야기

공황, 숨조차 쉴 수 없는 공포가 몰려온다!

에드바르트 뭉크 〈절규〉 1893년

Edvard Munch, 1863~1944

| 너도나도 공황장애에 빠진 사회 |

20세기 표현주의의 선구자인 노르웨이 출신의 화가 에드바르트 뭉크Edvard Munch, 1863~1944는 한국에서도 대형 전시회가 열렸기에 꽤 익숙합니다. 게다가 그의 대표작이라 할 수 있는 〈절규〉는 누구나 수차례 접해본 그림일 것입니다. 남성인지 여성인지도 구분하기 쉽지 않은, 거의 해골에 가까운 모습의 사람이 귀를 막은 채 비명을 지르고 있습니다. 하지만 어쩐지 비명소리가 겉으로 터져 나오고 있을 것 같지는 않습니다. 잠을 자다가 꿈에서 가위에 눌렸을 때 고함을 지르고 발버둥치고 싶지만, 숨이 턱 막혀서 입에서는 비명 한 마디 나오지 않고 옴짝달싹할 수 없는 상태에 갇혀버린 것과 비슷한 느낌입니다.

주인공은 무엇 때문에 이토록 공포에 질린 걸까요? 다리 위에 서 있지만, 다리가 흔들리거나 눈앞에 위협적인 상황이 발생한 것은 아니라는 점만은 분명해 보입니다. 왜냐하면 주인공 뒤로 걸어오고 있는 다른 두 사람의 모습은 주인공과 달리 평온해 보이니까요. 저 멀리 석양이 지는지 핏빛 하늘이 어지럽게 너울거리고 있습니다. 다리 아래로 흐르는 물이나 땅도 현기증이 날 듯 휘어져 있습니다. 그런데 이 역시도 뒤편의 평온한 사람들에게는 해당되지 않고, 공포에 사로잡힌 주인공 한 사람에게만 느껴지는 것 같습니다.

이 그림 외에도 뭉크는 다리 위에 서 있는 인간을 자주 표현했습니다. 하지만 다리 위를 한가롭게 산책하거나 자연을 감상하는 모습은 아닙니다. 이 그림처럼 주변 사람과 극명하게 대비되는 위태로운 분위기에 사로잡힌 주인공이 등장하죠. 높은 다리 위라는 조건이나 검은색을 바탕으로 강렬한 붉은색을 대비시키는 것 모두 불안한 상황을 묘사하려는 의도로 보입니다. 하늘과 땅도 온통 요동치며 출렁거려서 주인공이 느끼는 불안감을 극대화시킵니다.

뭉크는 불안이라는 단어와 함께 자연스럽게 떠오르는 대표적인 화가입니다. 화가 자신이 인생 대부분을 불안 증세에 시달렸다고 합니다. 〈절규〉의 주인공은 불안 증세의 일종인 공황장애에 빠진 사람처럼 보입니다. 워낙 유명 연예인들이 공황장애를 앓고 있다며 고백하는 바람에 소위 연예인 병으로 알려진 증상이기도 하죠. 유명한 배우인 이병헌과 차태현, 선행 가수로 잘 알려진 김장훈, 오랫동안 꾸준히 인기를 얻고 있는 개그맨 이경규와 직설화법의 대명사인 방송인 김구라, 그 외에 이름만 들어도 누군지 알 만한 수많은 연예인들이 공황장애의 말 못할 고통을 호소했습니다. 이병헌은 한 라디오 방송에 출연해 테이블 아래로 몸을 숨기는 돌발행동을 한 후에 공황장애 사실을 고백했죠. 심지어 고통을 견디다 못해 자살을 선택하는 사람도 있습니다.

공황장애를 앓는 사람은 거의 죽음의 공포에 가까운 고통을 호소합니다. 공황상태를 설명하면 밤에 어두운 골목에서 흉기를 든 강도의 위협을 받는 상황이라든가, 운전 중에 반대편에서 오는 차와 정면충돌의 위험 앞에 놓인 상황과 비슷하다고 합니다. 아무리 심리적으로 건강한 사람도 이런 위기 상황에 맞닥뜨리면 곧 심장이

멎어버릴 듯 오싹한 죽음의 공포를 느낄 것입니다. 생명을 위협할 만큼 위험한 상황에 처했을 때 나타나는 당연한 정신적·신체적 반응이므로 이상할 게 전혀 없습니다.

하지만 직접 위험에 직면한 것도 아닌데 같은 증상이 나타난다면 문제가 달라집니다. 공황장애는 이처럼 특별한 이유 없이 예상치 못하게 나타나는 극단적 불안 증상을 의미합니다. 즉 정상적인 상황에서 느닷없이 공황상태에 빠지는 거죠. 그저 길을 걷거나 다른 사람과 만나다가 느닷없이 찾아오는 식입니다. 극도의 공포심에 사로잡히며 심장이 터지도록 빨리 뛰거나 가슴이 답답하고 숨이 차며 땀이 나는 등의 신체 증상이 동반되죠. 보통 환자들은 공포의 원인을 알지 못한 채 혼돈스러워하고 집중력이 떨어지며, 아예 일상생활 자체가 어려워지기도 합니다.

| 무엇이 우리 현대인을 불안하게 하는가? |

유명 연예인들의 고백으로 널리 알려진 병이지만, 실제로는 보통 사람 중에도 공황장애에 시달리는 사람이 빠르게 늘고 있습니다. 현대인의 상당수가 공황장애를 비롯해 수많은 종류의 불안 증세를 안고 살아갑니다. 왜 현대사회에 와서 신경증 상태의 심각한 불안에 시달리는 사람이 많아진 걸까요? 물론 여러 요인을 꼽을 수 있을 것입니다. 다양한 사회적 조건이 작용하고, 개인의 성장 과정도 적지 않은 영향을 주었겠죠.

하지만 공통 요인도 찾아볼 수 있습니다. 불안은 보통 불확실하고 불투명한 상황과 마주했을 때 생기는 감정입니다. 안개가 짙게 깔린 길을 운전하고 있을 때면 앞에서 갑자기 무엇이 튀어나올지 모르기 때문에 운전자는 평소보다 한층 불안감을 느끼죠. 마찬가지로 삶이 늘 불확실성 속에 있다면 불안 또한 일상적으로 찾아올 수밖에 없습니다. 심할 경우 불안증에 시달리게 되고요.

전통사회에서는 불확실성이 주로 자연으로부터 왔습니다. 천둥이나 번개, 일식이나 월식, 보다 직접적으로는 가뭄이나 홍수 등이 불안을 야기했죠. 반면에 지역 공동체 내에서 범죄나 대형사고의 가능성은 드물었습니다. 농사의 특성상 여러 세대를 이어가며 큰 변동 없이 살았죠. 농부의 자식으로 태어나 농부가 되는 식으로 자기 인생의 경로를 충분히 예상할 수 있었습니다. 다만 문제는 늘 자연의 예기치 못한 변화였습니다. 당시에는 주술이나 종교를 통해 자연의 불확실성에서 오는 불안을 달래곤 했습니다. 하지만 과학기술의 발전과 합리적 사고 덕분에 이제 자연의 불확실성은 여전히 인류에게 위협이 되기는 해도 예전만큼 불안의 원인은 아니게 되었습니다.

그런데 아이러니하게도 문명과 과학기술의 발달은 현대인들에게 새롭게 더 많은 불확실성을 만들어내고 있습니다. 우리는 누구나 문명과 연관된 각종 사고 앞에 노출되어 있죠. 거의 매일 대중매체를 통해 온갖 사건 사고 소식을 접합니다. 누구라도 교통사고로 생

청소년과 공황장애

스트레스가 넘쳐나는 현대사회에는 성인들뿐만 아니라 공황장애로 고통을 받고 있는 청소년도 꾸준히 증가하는 추세입니다. 하지만 증상에 대해 텔레비전에 나온 연예인들의 이야기만 접하고 있는 경우가 많아서 막상 공황장애를 지니고 있으면서도 제대로 자각하지 못하는 경우가 대부분이라고 하는군요. 때때로 강렬한 신체적 증상을 호소하며 응급실 등에 입원하는 경우가 있지만 막상 별다른 이상 증상을 확인하지 못한 채 퇴원하는 경우가 많다고 합니다. 하지만 한창 감수성이 풍부한 시기인 청소년의 경우 자칫 치료시기를 놓치면 오히려 성인에 비해 훨씬 더 큰 심리적 내상으로 이어지는 경우가 많습니다. 대인관계나 학업성적에 영향을 미침은 물론 때론 극단적인 선택으로까지 이어지기도 하죠. 따라서 조기에 발견하는 것과 인지행동치료, 상담치료 등을 병행하는 등 제대로 된 진단과 치료를 받는 것이 무엇보다 중요합니다.

명을 잃거나 불구가 될 수 있고, 누구라도 범죄 대상이 될 수 있다는 두려움을 안고 살아갑니다. 인재ᐟ※로 인한 대규모 사고나 사망 소식도 무시할 수 없습니다.

그 밖에도 현대인들이 처해 있는 불확실한 상황은 생각보다 훨씬 많습니다. 불과 수십 년 전만 해도 웬만한 대학을 나오면 최소한의 안정된 생활은 보장되는 경우가 많았습니다. 하지만 이제는 꽤 이름 있는 대학을 나와도 취업문을 뚫기가 여간 어려운 일이 아닙니다. 좁은 취업문을 뚫었다고 해도 불안은 사라지지 않습니다. 무한 경쟁 사회에서는 누구라도 언제든지 탈락자가 될 수 있다는 불확실성이 지배합니다. 경제 불황, 실업률 증가, 구조 조정 등 수많은 사회적 불확실성이 결국 개인적 불확실성을 만들어내죠. 그렇게 본다면 현대사회는 예측이 불가능한 거대한 도박장과 같습니다. 그 안에서 언제 뒤처지거나 탈락할지 모른다는 불안 속에서 살아야 하는 거죠. 위로 갈수록 급격히 좁아지는 피라미드 경쟁체제의 특성상 아무리 노력해도 결과는 늘 불확실할 수밖에 없습니다.

다른 나라가 수백 년에 걸쳐 이룩한 산업화를 불과 수십 년 사이에 이루어낸, 압축적 경제성장 신화로 잘 알려진 한국 사회는 경쟁의 치열성과 사회의 불확실성이 훨씬 더 큽니다. 그래서인지 우리 사회에서 불안은 더욱 다양한 형태로 일상을 지배하고 있죠. 게다가 세계에서 고령화 속도가 가장 빠르게 진행되고 있어 노후 대비와 연관된 불확실성도 크게 증가했습니다.

하지만 위험 요인이 존재한다고 무작정 불안한 삶을 살아야 하는 것은 아닙니다. 계산할 수 있는 위험은 어느 정도 대비할 수 있습니다. 불안을 동반하기는 하지만 대비와 극복하려는 의지도 함께 생겨납니다. 하지만 전혀 예측할 수도 계산할 수도 없는 위험은 다릅니다. 언제 어떤 위험이 터질지 모른다는 생각에 깊이를 가늠할 수 없는 불안의 수렁으로 빠져들 뿐이죠. 마치 눈에 보이지 않는 적을 상대해야 하는 것처럼 현대인의 불안이 공황장애와 같은 더 극심한 증상으로 나타날 수밖에 없는 이유입니다.

유명 연예인은 평범한 사람보다 많은 부와 명예를 누리지만, 그만큼 불확실성 또한 더욱 크게 안고 있는지도 모릅니다. 지금은 스타이지만, 인기는 거품처럼 순식간에 사라질 수 있다는 것을 잘 알고 있죠. 게다가 내일이라도 당장 인기라는 거품이 꺼지고 난 뒤에 초라해질 자신의 모습을 상상하는 것만으로도 견딜 수 없는 불안에 사로잡힙니다. 불확실한 미래에서 오는 불안이 한층 더 크게 다가오는 거죠. 하지만 정도의 차이가 있을 뿐 대부분의 현대인의 상황도 크게 다르지 않습니다. 불확실성 사회를 살아가는 우리 모두는 어쩌면 일상적인 불안이 신경증적인 병적 불안증세로 악화될 가능성을 안은 채 조금은 위태롭게 하루하루를 버티는 중일 것입니다.

피할 수 없다면 차라리 똑바로 마주하라!

헨리 푸젤리 〈침묵〉 1801년

Henry Fuseli, 1714~1825

| 공포와 마주하고 연대를 통해 저항하다 |

영국 낭만주의 미술을 대표하는 헨리 푸젤리[Henry Fuseli, 1714~1825]의 작품 〈침묵〉을 보고 있노라면 마음이 저 밑바닥까지 뚫고 끝없이 가라앉는 듯한 무기력감이 전해집니다. 그림 속에서 한 여인이 짙은 어둠 속에 웅크리고 앉아 있습니다. 단순히 피로에 지쳐 축 늘어진 채 휴식을 취하는 모습과는 전혀 다른 분위기입니다. 고개를 어깨 아래로 축 떨어뜨리고, 어깨는 가슴을 향해 있는 대로 움츠러든 상태입니다. 두 팔도 더 이상 들어 올릴 힘조차 남아 있지 않은 듯 보입니다. 뭔지 모를 어두운 감정에 휩싸여 빠져나오지 못하는 무기력한 모습이죠.

그녀는 왜 이토록 무기력하게 침묵의 나락으로 떨어진 걸까요? 물론 그림을 보는 사람의 상황이나 감정에 따라 다르게 해석할 수도 있겠지만, 화가의 의도에 조금 더 가깝게 다가서기 위해서는 푸젤리가 평소 신화를 매개로 인간의 폭력성을 암시하는 그림을 즐겨 그렸다는 점을 고려해볼 필요가 있습니다. 그림이 주는 분위기로는 뭔가 무력한 상태, 깊이 가라앉아 있는 상태라는 점은 분명해 보입니다. 자신이 어찌할 수 없을 정도로 큰 위협 앞에서 속수무책의 무력감에 빠져 있는 인물, 알 수 없는 불안의 늪에 빠진 느낌이 강합니다.

일상적인 공포와 불안에서 헤어날 수 없는 인간에게 나타나는 전형적인 심리상태를 떠올리게 하는 그림입니다. 하지만 위험에 의한 공포가 무조건 무력감으로 귀결되는 것은 아닙니다. 때론 공포가 의

기소침한 태도나 무력감을 유포하기보다는 오히려 위험의 근본 원인에 대한 광범위한 저항의 흐름을 만들어내기도 하죠.

예를 들어 지난 수십 년 사이에 폭염, 혹한, 지진 등 환경 파괴로 인한 재앙 가능성이 인류에게 공포를 불러일으켰습니다. 생태계 파괴가 인류의 생존 기반을 무너뜨릴 가능성이 막연한 추측이 아니라 지극히 현실적인 문제로 다가왔기 때문입니다. 하지만 공포의 결과가 가져온 것은 이제 우리에게는 가망이 없다는 무력감이 아니었습니다. 반대로 환경을 무너뜨리는 사회적인 원인을 적극 찾아내고 세계적인 저항 움직임을 만들어냈죠. 공포를 실감하는 사람들 사이의 연대를 매개로 각 국가에서 수많은 환경 단체가 만들어지고, 나아가 그린피스를 비롯하여 세계를 아우르는 저항의 네트워크를 형성했습니다. 심지어 그레타 툰베리 같은 십대 환경 운동가들까지 활발하게 자신의 목소리를 내고 있죠.

원자력발전소의 폭발 사고나 핵폐기물에 의한 방사능오염이 초래하는 위험에 대한 공포도 무력감으로 이어지기보다는 원전에 대한 저항과 통제의 흐름을 만들어내는 쪽으로 작용했습니다. 공포를 느끼는 개인들이 연대를 형성해 세계적인 저항 분위기를 만들어냈죠. 그 결과 원자력 에너지에 상당 부분 의존하던 유럽이나 미국을 비롯한 대부분의 산업국가가 원전을 동결하거나 축소하는 정책을 취하게 되었습니다. 세계를 통틀어 원전 확대 정책을 취하는 나라는 이제 우리나라를 비롯해 몇몇에 불과할 정도입니다.

산업사회에서 다양한 결핍감을 느끼는 사람들이 공감과 연대를 통해 함께 문제를 해결하고자 합니다. 즉 위험이 초래하는 공포를 어떻게 하면 공감과 연대의 원동력으로 만들 것인지에 주목할 필요가 있습니다. 문제는 공포를 공포로 무기력하게 남겨두는 태도일 것입니다. 공포를 회피하지 말고, 공포를 정면으로 마주해야 합니다. 비슷한 공포감을 가진 사람들의 연대를 통해 능동적으로 문제 해결의 발판을 마련해야 한다는 뜻입니다.

| 불안 속에서 발견한 희망 |

불안 역시 좌절이 아닌 기회의 확장으로 전환시키려는 노력이 필요합니다. 그렇다면 위축되기보다 한층 능동적인 대응을 이끌어내는 계기가 될 수 있을 것입니다. 심리학의 아버지로 불리는 프로이트는 이렇게 말했습니다.

"불안은 위험에 대한 반응이다."

인간은 위험을 인식하자마자 불안 신호를 내놓습니다. 그것은 지극히 자연스러운 반응이죠. 다만 어떤 사람은 불안을 부정적 감정으로만 남기고, 어떤 사람은 불안을 정상적이고 능동적인 정신 작용으로 승화시킨다는 점에서 차이가 있습니다.

불안은 화재경보기와 비슷합니다. 위험을 감지해서 빨리 대처하도록 알리는 거죠. 물론 극도의 불안을 이겨낸다는 것이 그리 간단한 문제는 아닙니다. 현실에서는 공황장애처럼 적지 않은 사람이 불안 때문에 절망에 빠지기도 하니까요. 마치 고장 난 화재경보기처럼 시도 때도 없이 울려대는 알람에 시달려야 한다고 상상해봅시다. 진짜 위험에 맞닥뜨렸을 때만 불안감이 엄습하는 것이 아니라 길을 걷거나 대화를 하는 등 일상생활 중에 느닷없이 죽음의 공포를 느껴야 한다면, 이는 분명 견디기 힘들 것입니다.

하지만 화재경보기의 과도한 작동에도 나름의 순기능은 있습니다. 예를 들어 경보기 센서를 조절할 때, 이따금 잘못된 경보를 울리는 한이 있어도 큰 화재를 막기 위해 센서의 화재 감지 수준을 민감하게 설정해두는 것이 합리적입니다. 아주 작은 불씨가 대형 화재로 번질 수도 있으니까요. 실제로 대부분의 화재는 처음에 담뱃불이나 누전에 의한 불꽃처럼 아주 사소한 불씨가 원인이라고 합니다. 그러므로 최대한 민감하게 작동하도록 센서를 조절해야 큰 불을 예방할 수 있습니다. 마찬가지로 불안 감정도 의식적으로 원하는가와 무관하게 최대한 민감하게 반응한다면 그만큼 큰 위험을 피할 수 있겠죠.

현실에서 공황장애를 비롯하여 불안 증상에 시달리는 사람이 늘어나고 있다는 것은 한편으론 현실적으로 위험에 맞닥뜨리게 될 가능성이 그만큼 높아지고 있음을 의미합니다. 불안을 심하게 느끼는 사람들은 사회적이든 개인적이든 불확실성과 위험을 먼저 예민하게 감지하고 있는 것입니다. 센서가 남보다 먼저 작동하는 거죠.

불안은 그만큼 현재 상태에 만족하고 있지 못하다는 증거입니다. 만족은 당장은 편안할지 몰라도 나태함과 안주를 낳기 쉽습니다. 현실에서는 날이 갈수록 불확실성과 위험이 증가하고 있는데, 나태하게 일상에 만족해버린다면 중장기적으로 볼 때, 엄청난 위험에 무방비상태로 맞닥뜨릴지도 모르는 일이죠. 그러한 의미에서 불안은 무조건 회피해야만 하는 부정적 역할만 하는 감정이 아닙니다. 불안에 예민하게 반응함으로써 현실에서 울리는 경종을 미리 감지함으로써 자기 삶의 진정한 의미를 찾고 사회적인 개선을 꾀하려는 원동력으로 삼을 수 있으니까요.

불안은 개인의 감정이나 정신에만 머물지 않습니다. 사회적 조건과 맞물리면서 사회 내의 다른 구성원과 연계되죠. 개인과 집단 그리고 개인과 사회의 관계 속에서 형성된 불안이기에 불안의 인식은 곧바로 사회에 대한 이해로 연결됩니다. 사회와 멀어져 개인의 무력감으로 가라앉는 것이 아니라 사회로 확장될 가능성을 엽니다. 비록 개인이 느끼는 감정이지만 불안을 초래하는 사회적 조건을 이해하고 해결의 계기로 삼을 때, 불안은 막연히 기피해야 할 대상이 아니라 능동적 센서로 바뀔 수 있습니다. 그렇게 될 때 우리 사회 구성원들 또한 불안에 잠식되지 않고 함께 힘을 합쳐 불안을 긍정적인 에너지원으로 바꿔 나가게 될 것입니다. 그런 사회라면 적어도 불안에서 벗어날 수 없다는 좌절 때문에 극단적인 선택을 하는 사람은 사라지지 않을까요? 불안을 이겨낼 수 있도록 누군가는 분명 옆에서 힘을 보태고 있을 테니까요.

"모두가 함께 행복해질 수 있는 방법은 없을까요?"

함께하는 삶, 사회적 경제가 희망이다

01

사회적 경제를 이야기하다

〈'세계협동조합의 해' 로고〉 2012년

Social Economy & Cooperative

| '사람' 중심의 경제를 외치다! |

갑자기 등장한 포스터에 조금 당황했나요? 앞에서 우리는 현대사회가 안고 있는 수많은 문제점들과 해결해야 할 과제들에 관해 살펴보았습니다. 더 늦기 전에 함께 힘을 모으지 않으면 어려움을 극복하기 어려울 것이라는 점에 대해 이야기했죠. 그래서 함께 힘을 모으는 여러 가지 방법들 중 하나를 소개할까 합니다. 제시한 그림은 〈세계협동조합의 해' 로고〉입니다. UN이 정한 2012년 세계협동조합의 해의 상징이죠. 그림 속 박스의 세 개 면이 협동조합 사업이 수행하는 생산·소비·서비스 등을 의미합니다. 일곱 명의 사람이 주위로 모여 함께 들고 있는 것은 **협동**의 이미지를 상징하죠. 사람들이 횡으로 서로 연결되어 있는 점도 나름의 의미를 찾을 수 있습니다. 일반 기업이 피라미드 모양의 수직적인 관계 속에서 움직이는 구조라면, 협동조합은 조합원이 서로 동등한 자격으로 수평적인 참여에 의해 움직인다는 점을 강조하는 듯합니다.

군이 일곱 명의 사람을 배치한 점도 협동조합 정신을 상징합니다. 국제협동조합연맹ICA은 1995년에 창립 100주년을 맞아 협동조합의 7대 원칙을 제시했습니다. 자발적이고 개방된 조합원제도, 조합원에 의한 민주적 관리, 조합원의 경제적 참여, 자율과 독립, 교육과 훈련 및 정보제공, 협동조합 간 협동, 지역사회에 대한 기여가 여기에 해당됩니다.

UN이 2012년을 세계협동조합의 해로 제정한 배경에는 상당한 의미가 있습니다. 2012년은 2008년 미국에서 시작되어 전 세계로 번진 세계금융위기의 영향과 연관되어 있죠. 세계금융위기 속에서 우리나라를 포함해 당시 주요 산업국가의 일반 기업들이 취했던 생존 전략은 주로 대량 해고였습니다. 위기 속에 다 함께 죽을 순 없다는 이유를 내세웠죠. 그 결과 하루아침에 직장을 잃고 최소한의 생계조차 해결할 길이 막막해진 실업자가 크게 늘어났고, 이와 함께 빈부격차 또한 한층 더 심화되었습니다.

하지만 협동조합 기업이 취한 대응 방식은 이와 전혀 달랐습니다. 즉 조합원 해고 없이 사회적 책임을 함께 나누는 방식으로 금융위기에 대처한 거죠. 그럼에도 불구하고 이 기간에 성장·발전함은 물론 지역사회를 묵묵히 지키는 역할을 해냈습니다. 이에 따라 UN은 경제발전과 사회적 책임을 함께 추구하는 점에 주목하면서 2012년을 세계협동조합의 해로 선포한 것입니다.

협동조합이란 국제협동조합연맹의 정의에 의하면 "공동으로 소유되고 민주적으로 운영되는 사업체를 통하여 공통의 경제적·사회적·문화적 필요와 욕구를 충족시키고자 하는 사람들이 자발적으로 결성한 자율적인 조직"을 말합니다. 협동조합은 사회적 책임이나 타인에 대한 배려 등의 윤리적 가치를 신조로 하고 있어 이윤을 유지하거나 높이기 위해 대량 해고로 치닫는 대응에 반대하는 한편, 조합원의 안정적 삶을 지키는 것을 전제로 경제 행위를 하는 것입니다.

협동조합은 사회적 경제의 가장 핵심적인 형태입니다. 사회적 경제는 혼합경제 및 시장경제를 기반으로 사회적 가치를 우위에 두는 경제활동을 말합니다. 일반적으로 기업은 '이윤'이라는 사적이고 배타적인 가치를 우위에 두는 경제활동을 합니다. 이에 비해 협동조합은 취약계층의 일자리 창출이나 지역 공동체 재생 등 사회적 가치를 실현하고, 조합원의 민주적 참여에 의해 의사결정을 하며, 수익을 자본보다는 사람과 노동에 우선하여 배분하는 데 초점을 맞춥니다. 그러한 의미에서 이윤보다는 '사람' 중심의 경제활동인 셈이죠.

한국도 2011년에 협동조합기본법이 제정됨으로써 자유롭게 다양한 협동조합을 세울 수 있게 되었습니다. 이제는 출자금 제한 없이 조합원 다섯 명만 모이면 협동조합을 설립할 수 있죠. 정부의 인가 없이 신고만으로 모든 절차가 마무리됩니다. 현재 사회적 경제 활성화를 위해 국내외 많은 협동조합 기업이 활동하고 있습니다. 세계적으로는 스페인 노동자협동조합인 '몬드라곤'이 유명하고, 한국에서는 '한살림'이나 'ICOOP'처럼 생활협동조합이 나름의 규모를 갖추고 활동하는 중입니다.

| 사회적 경제를 경험하는 청소년들 |

최근에는 학교를 중심으로 청소년 사이에서도 협동조합을 통해 사회적 경제에 참여하는 인구가 늘고 있는 추세입니다. 학교협동조합

중앙지원센터가 만들어졌고, 전국적으로 17개 시도교육청에서 학교협동조합을 지원하는 데 나서면서 사회적 경제에 대한 관심 또한 부쩍 늘어나고 있습니다. 서울을 예로 들어보면 현재 학교협동조합이 26개 학교를 넘어서고 있으며, 2,600명 이상의 조합원이 활발하게 활동하고 있습니다.

특히 학교와 학생의 특성상 협동조합 매점 모델이 많은 편입니다. 학생들은 그저 물건을 저렴하게 구입하는 것뿐만 아니라, 협동조합을 직접 경험함으로써 자신과 판매자가 공동체 구성원이라는 사고방식을 형성하게 됩니다. 경기도 성남시의 복정고등학교 '교육경제공동체 사회적 협동조합'이 좋은 사례입니다. 이 학교는 조합 설립 시 전교생의 절반가량인 300여 명의 학생, 교사와 학부모 50여 명이 조합원으로 참여하여 출발했습니다.

시작은 "학교 매점은 왜 싸구려 간식만 팔까?" 하는 문제의식에서 출발하였습니다. 이전까지는 외부 사업자에게 맡겨 학교 매점을 운영하면서 학생 복지보다는 영리 추구를 우선시해 왔죠. 따라서 이윤을 위해 마진은 크지만 영양가나 품질은 다소 떨어지는 싸구려 간식을 주로 판매해오곤 했습니다. 하지만 협동조합 매점을 만들면서 당장의 이윤보다는 무첨가물·무색소에 우리밀로 만든 안전한 먹거리, 질 높은 먹거리를 판매하는 것으로 바뀌었습니다. 또 학생은 매점에서 판매하는 물건을 사기만 하는 수동적인 소비자에서 벗어나 교사·학부모와 동등하게 '1인 1표'를 행사하는 방식으로 협동조합에 관한 모든 의사결정에 적극 참여하게 되었죠. 앞으로는 사업을 한층 더 확장하여 매점 사업 외에도 교복 공동구매나 수학여행, 공정여행 프로그램 등도 추진할 계획이라고 합니다.

또 서울시 금천구에서는 사회적 경제 특구사업의 일환으로 학교협동조합을 만들어 교육 사업과 먹거리 사업을 함께 펼치고 있습니다. 몇몇 초등학교와 중학교에서 사회적 경제 협동학교 대안교실을 운영하고 있죠. '사회적 경제 협동학교'는 교육 분야 사회적 기업들이 직접 학교로 찾아가서 학생들에게 사회적 경제 대안교실과 자유학년제 프로그램 등을 운영합니다. 자유학년제 수업으로는 드론 조립 및 비행원리 습득과 드론 융합 프로그램 체험, 식생활 교육 수업을 통한 조리 활동, 스마트폰으로 단편영화를 만드는 프로그램 등을 진행했습니다. 학교 부적응 아이들을 보듬어주는 대안교실을 운영하기도 합니다. 사회적 경제 협동학교를 하면서 학생들의 의견이 수업에 반영되고 여러 외부 전문가들이 함께해 수업의 질이 더 높아졌다는 평가를 받고 있습니다.

서울시 강북구의 삼각산고등학교 사회적 협동조합은 매점 사업 이외에도 여러 가지 참신한 사업들을 펼치며 세간의 주목을 받고 있습니다. 예컨대 '스타트업 페스티벌' 사업은 교내 창업대회로서, 학생들이 사회적 가치가 있는 창업 아이디어를 제출하면 그중에서 5~6팀을 선발하여 자금을 빌려주고 직접 사업을 진행하도록 지원하고 있죠. '나도 선생님' 사업은 학교에서 공고를 올리고 학생들이 직접 교육계획을 제출하면, 선발된 학생들이 직접 선생님이 되어 교육을 합니다.

내 인생을 바꾼 체인지메이커

다음의 내용은 실제로 학교에서 협동조합을 경험했던 학생의 이야기를 일부 옮긴 것입니다. 혹시 협동조합에 관심을 가지고 있다면 참고가 될지도 모르겠습니다.

> 학교협동조합은 내가 고등학생으로서 하기 힘든 소중한 경험들을 주었다. 그리고 어떤 무모한 도전을 하더라도 믿어주고 응원해주는, 함께해주는 좋은 사람들을 알게 해주었다. 협동조합 활동을 하면서 나의 지난 모습을 성찰할 수 있었고, 성장할 수 있었다. 하지만 협동조합 활동이 나에게 준 가장 큰 선물은 가능성이다. 내가 어떤 일이든지 최선을 다해, 애정을 담아 모두와 함께할 수 있는 역량을 가진 사람이라는 가능성을 보게 해주었다. 그리고 내가 가치 있는 사람이라는 것을 일깨워준 나의 소중한 '체인지메이커'였다.
>
> −삼각산고등학교 졸업생, 《I LOVE 학교협동조합》 중에서

이러한 변화와 함께 정부 차원에서도 '사회적 경제 활성화 방안'을 마련하여 다양한 협동조합 활동들을 지원하고 있습니다. 교육부도 '사회적 경제 인재양성 종합계획'을 마련하여 공교육에서 다양한 협동조합을 매개로 청소년들이 호혜와 연대의 경제를 경험할 수 있도록 지원하고 있죠. 또한 아예 교육과정에 사회적 경제를 정식 커리큘럼으로 반영하려는 움직임도 있습니다. 앞으로 우리 사회에 사회적 경제가 확산되고 지속적으로 성장하며 뿌리를 내리기 위해서

는 청소년기부터 연대와 협동의 가치를 경제의 중요 원리이자 필수
적인 구성요소로 이해하는 과정이 반드시 필요하기 때문입니다. 이
러한 교육과정은 또한 예비 사회적 경제인을 양성하는 데도 분명
크게 기여할 것으로 기대되는 바입니다.

일하고 싶어도 일할 수 없는 사람들

호세 클레멘테 오로스코 〈실업〉 1929년

Jose Clemente Orozco, 1883~1949

| 실업이 만성화된 현대사회 |

멕시코 벽화운동의 선구자인 호세 클레멘테 오로스코Jose Clemente Orozco, 1883~1949의 〈실업〉이라는 그림을 소개합니다. 그는 산업화와 기계화로 인한 산업도시의 비인간적인 현실, 사회적 약자들의 고통에 대한 공감을 회화적으로 표현하는 데 적극적이었죠. 그림 속에 실업자들이 삼삼오오 모여 있습니다. 모두 어둡고 굳은 표정입니다. 서서 얼굴을 마주보며 이야기를 나누고 있는 사람들의 얼굴에도 그늘이 가득합니다. 표정은 물론 외투 색깔마저 어둡고 칙칙하기 그지없습니다. 그만큼 취업 가능성이 어둡다는 것을 상징하겠죠. 검은색을 중심으로 하되 피를 연상시키는 선명한 붉은색, 강렬한 노란색 등의 원색을 대비시켜 어둡고 비극적인 분위기가 한층 배가되는 느낌입니다.

그림 속에 묘사된 인물들은 대체로 중년층이나 장년층으로 보입니다. 아주 특별한 경우를 제외하고 이 연령대의 실업은 더욱 치명적인 고통을 초래합니다. 왜냐하면 아무래도 나이 때문에 재취업을 하는 데 여러모로 제약이 있을 수 있습니다. 예컨대 기업이나 작업장 입장에서 중년과 장년의 채용은 이미 꽤 나이가 들었기 때문에 보수나 직책을 정할 때도 껄끄러운 면이 많습니다. 자칫 상급자보다 늙은 하급자가 될 수도 있는데, 아무래도 불편하게 생각하기 쉽죠.

또한 중년 이상의 연령대라면 대체로 고등학교나 대학에 다니는

10대 후반에서 20대 초반의 자녀를 둔 경우가 많습니다. 고등학교나 대학교에 다니고 있을 테니 그 어느 때보다 가계 지출도 많을 수밖에 없죠. 지출 부담이 제일 큰 시기에 실업 상태에 빠져 있다면 당사자나 가정이 받게 되는 고통도 그만큼 커집니다. 그래서인지 그림 속 남성들의 표정이 더욱더 침울해 보이는 것 같습니다.

실업은 고도로 산업화된 국가들이 오랜 기간 골머리를 앓고 있는 가장 심각한 문제입니다. 우리나라도 예외가 아니어서 1997년 외환위기 이후 현재에 이르기까지 수십 년간 고질적인 사회문제로 자리를 잡고 있죠. 어떤 정부가 들어서든 실업 문제의 해결을 긴급하고 중대한 과제로 삼지만 아직까지는 큰 진전이 없는 상태입니다. 어느 때부터인가 우리나라 젊은이들의 압도적인 다수가 공무원 합격을 인생의 목표로 삼게 된 것도, 해고와 실업이 만성화된 사회에서 안정된 직장을 향한 열망이 반영되었기 때문이겠죠.

| 실업과 고용 불안정, 사회 갈등을 부추기다 |

현재(2020년 5월 기준) 우리나라의 실업률은 4퍼센트를 넘어섰고, 청년 실업률은 이보다 약 2배 더 높다고 합니다. 그런데 이 실업 통계를 보면 대부분 고개를 갸우뚱합니다. 현실의 절박함에 비해 수치는 그리 심각하게 느껴지지 않기 때문이죠. 피부로 느끼는 정도와 수치 사이에 이처럼 너무 큰 격차가 나는 데는 나름의 이유가 있습니다. 가히 '속임수'라고 표현해도 과언이 아닐 정도로 통계의 허구가 숨어 있는 수치이기 때문이죠.

이것이 무슨 말인가 하면 쉽게 말해 사실상 실업이거나 실업과 다를 바 없는 상태가 통계상의 실업 기준에서 제외된 부분이 많다는 뜻입니다. 바꿔 말하면 비경제활동인구로 구분될 경우 아예 실업자 통계에서 빠지게 된다는 뜻입니다. 가정주부나 자영업종에서 급료를 받지 않고 일하고 있는 가족이 대표적인 예입니다. 또한 최근 4주간 적극적인 취업활동을 하지 않은 사람도 통계에서 제외됩니다. 하지만 이들 가운데는 취업을 하려고 나름 열심히 노력했지만 상황이 여의치 않아 자포자기에 빠진 사실상 실업자가 다수 포함되어 있습니다.

나아가 취업 준비생, 즉 취업의 현실적 어려움 때문에 몇 년째 스펙을 쌓기에만 몰두하고 있거나 몇 년째 공무원 시험을 준비하는 수험생들도 역시 통계에서 제외됩니다. 또 군대에 있는 수십만 명의 청년 역시 통계에서 빠집니다. 1주일에 고작 서너 시간 일하는 시간제 근로자 또한 취업자로 분류되므로 역시 실업에 잡히지 않습니다. 왜냐하면 취업자를 정의할 때 '주 1시간 이상의 경제활동 참여'를 기준으로 분류하기 때문이죠. 우리나라의 최근 청년 고용률이 40퍼센트를 약간 웃돈다고 하지만, 체감하는 실업률은 훨씬 더 높은 이유입니다. 말하자면 통계와 현실 사이의 격차를 실감하는 거죠. 만약 사실상의 실업자라고 느끼는 사람들을 통계에 포함하면 실질적 실업자는 현재 수치에 비해 두세 배는 더 높아질 것입니다.

청년 실업률의 통계적 오류는 더 심합니다. 다른 주요 국가는 15~24세를 대상 연령으로 하는 데 비해, 우리나라는 15~29세로 넓혀놓았죠. 20대 후반이면 이미 취업 가능성이 더 높다는 점에서 다른 나라에 비해 청년 실업률이 한층 더 심각한 상태라고 봐야 할 것입니다.

실업만큼이나 사람들을 고통스럽게 만드는 것이 또 있습니다. 바로 '비정규직'이라고 불리는 불안정한 고용 상태의 지속입니다. 한국노동연구원에 의하면 우리나라 비정규직의 월평균 임금 수준은 정규직의 절반 정도에 불과하다고 합니다. 하지만 임금 격차는 2배이면서도 노동시간에서는 거의 차이가 없죠. 심지어 같은 사업장에서 거의 같은 일을 하고 있어도 정규직 노동자에 비해 훨씬 더 적은 임금을 받고 있습니다.

비정규직의 정규직 전환비율을 살펴보면 더 심각합니다. 서유럽이 대략 45~60퍼센트, 북유럽이 70~80퍼센트에 이르는 데 비해 한국은 고작 20퍼센트 대에 머물고 있죠. 따라서 일을 하면서도 계약기간이 끝나면 다시 실업 상태에 빠질 수 있는 불안정성 때문에 두려움을 안고 살아야 합니다. 물론 지금 당장 실업 상태인 것보다는 나을지 모르지만, 언제든지 실업자로 전락할 수 있다는 점에서 예비 실업자 신세라고 해도 과언이 아닙니다.

문제는 이와 같은 고통에 처한 사람이 우리나라에 너무나 많다는 점입니다. 한국노동연구원에 따르면 우리나라의 비정규직 근로자는 현재 6백만 명이 넘는다고 합니다. 이는 전체 임금 근로자의 약 30퍼센트 이상을 차지하는 비율이죠. 즉 3명 중 1명꼴로 비정규직이라는 뜻입니다. 다른 나라와 비교하면 심각성이 한층 뚜렷해집니다. OECD 평균에 비해 약 2배나 높고, 일본에 비해서는 무려 3배나 높은 비율입니다.

실업이나 비정규직처럼 불안정한 고용 상태에 신음하는 사람이 많다는 것은 그만큼 우리 사회의 빈곤층 증가와 빈부격차 확대가 심화되고 있는 것을 의미합니다. 이는 곧바로 국민 다수의 소비 능력을 떨어뜨리는 결과로 이어지게 됩니다. 소비 저하는 생산의 위축을 낳고 경제를 만성적인 불황에 빠뜨리는 핵심 요인이 되죠. 결과적으로 경제가 악순환의 고리에 빠져드는 것입니다.

기업 성장과 일자리 보장 신화에 관하여

콩스탕탱 뫼니에 〈광부들의 귀가〉 19세기 후반

Constantin Meunier, 1831~1905

| 기업이 더 성장하면 과연 일자리 걱정이 사라질까? |

벨기에 화가 콩스탕탱 뫼니에Constantin Meunier, 1831~1905의 〈광부들의 귀가〉에 묘사된 광부들은 우리가 흔히 생각하는 광부 이미지와 사뭇 다릅니다. 광부라고 하면 일단 얼굴과 옷이 온통 검은 칠로 뒤덮인 꾀죄죄한 모습이 떠오를 것입니다. 또한 어깨가 축 늘어질 정도로 기진맥진하고 어두운 표정으로 가득한 사람들, 극단적으로 어려운 처지에 놓인 고단함이 연상될 것입니다.

그런데 이 그림에서 보이는 광부들은 얼핏 봐도 꽤 밝고 활기찬 분위기입니다. 석양이 드리운 하늘 아래 퇴근길의 광부들이 이야기꽃을 피우고 있습니다. 먼저 20세 전후로 보이는 청년의 미소 짓는 얼굴이 눈길을 사로잡는군요. 중간에 있는 다부진 체격의 남자는 어깨를 쭉 펴고 힘찬 발걸음을 옮깁니다. 흥미로운 대화인지 또 한 사람이 고개를 쭉 내밀고 대화에 끼어듭니다. 뒤편으로 탄광촌의 집들이 보이고, 멀리 공장 굴뚝에서 검은 연기가 피어오릅니다.

광부들의 활기찬 분위기는 결코 우연이 아닙니다. 이 그림이 그려진 시기와 맞물리는 산업화 초기에는 석탄 산업이 세계경제를 움직이는 중심축 가운데 하나였으니까요. 석탄이 가장 중요한 에너지였기 때문에 탄광업은 사회적으로 매우 중요한 위치였고, 노동자들의 역할 또한 막중했습니다. 그리고 노동자 대부분은 남성이었죠. 그림 속 광부의 이미지는 이러한 시대적 상황을 반영한 것입니다.

하지만 이러한 영광은 그리 오래 가지 않았습니다. 20세기 중반으로 접어들면서 석탄 산업은 곤두박질칩니다. 석유가 석탄을 대신해 주요 에너지 위치를 꿰차고, 원자력발전소까지 확대되면서 석탄은 설 자리를 잃게 된 거죠. 대부분의 산업국가에서 대규모 탄광 폐쇄라는 서슬 퍼런 구조조정이 벌어졌고, 그 과정에서 수많은 광부들이 해고되며 길거리로 내몰렸습니다. 우리나라도 태백 지역에 밀집한 탄광들이 속속 문을 닫으며, 광부들도 일자리를 잃었죠.

지난 수백 년 사이에 산업은 수차례 이와 비슷한 큰 구조적 변화를 겪어왔습니다. 그때마다 쇠락의 길에 접어든 사양 산업에서 일자리를 잃는 사람들이 우르르 쏟아져 나왔지만, 새롭게 등장한 산업 발달로 전에 없던 새로운 일자리가 생겨났죠. 새로운 산업이 새로운 일자리 창출로 이어지는 결과에도 불구하고 산업화 초기부터 거침없는 산업 발전이 향후 노동자에게 미칠 부정적 영향을 우려한 의견들이 존재했습니다. 예컨대 19세기 초반에 영국 직물공업에서 일어났던 러다이트운동, 즉 기계파괴운동입니다.

당시 직물공업에 기계가 보급되자 과거에는 수공업자들이 해온 일들을 기계가 대신하게 되었죠. 기계의 생산력을 도저히 따라갈 수 없는 수많은 수공업 노동자들이 일자리를 잃었습니다. 노동자들은 기계가 우리 대부분의 일자리를 빼앗을 거리가고 주장하면서 실업과 생활고의 원인을 기계 탓으로 돌리는 기계파괴운동을 일으켰습니다. 하지만 오히려 기계의 발달이 다양한 2차 산업 분야를 확장시키고, 고용을 확대함으로써 기계파괴를 주장하던 사람들의 논리 근거가 빈약함을 보여주었습니다.

직물공업과 석탄 산업의 사례를 통해 대중들 사이에는 시장경제가 스스로 발전하는 과정에서 쇠락하는 산업이 등장할지언정 고용은 지속적으로 확대될 거라는 일종의 신화가 생겨났습니다. 즉 아무리 산업 구조가 변화해도 시장경제가 마치 생물처럼 스스로 고용을 확대한다는 믿음이 널리 퍼지게 된 거죠. 지금으로 치면 시장경제의 핵심인 기업, 특히 대기업이 성장해야 일자리도 확대된다는 논리입니다. 그 결과 기업 활동이 활발해질 때 일자리가 늘어난다는 믿음이 사회 전체적으로 확고하게 뿌리내리게 되었고, 기업 활동을 뒷받침하는 다양한 정책들이 만들어졌습니다.

| 과거의 시장경제와 너무나 달라진 현실 |

기업 성장이 곧 일자리의 증가로 이어진다? 과연 사실일까요? 최근의 경제 현실을 보면 그렇다고 단정하기 어려울 것 같습니다. 왜냐하면 기업은 분명 성장하고 있음에도 고용 상황은 여전히 열악한, '고용 없는 성장'이 최소 십여 년 이상 이어지고 있으니까요. 신문이나 각종 뉴스 매체에서 어떤 대기업의 이익이 유례없이 큰 폭으로 늘어났다는 소식은 들은 적이 있지만, 안타깝게도 같은 기간 동안 질 좋은 일자리는 계속 줄어들었습니다.

기업 성장과 고용 확대 사이의 연관성이 무너진 데는 여러 이유가 있습니다. 먼저 세계화와 신자유주의 확대가 미친 영향을 꼽을 수 있죠. 지난 수십 년 사이에 기업들이 조금이라도 값싼 노동력을 찾아 중국을 비롯하여 동남아시아 등으로 생산 공장을 이전했습니다. 세계 1위를 다투는 삼성 스마트폰은 10대 중 1대 정도만 국내 공장에서 한국 노동자들에 의해 생산될 뿐, 나머지는 중국·베트남·브라질·인도 등 해외 삼성 공장에서 외국 노동자들에 의해 생산됩니다. 현대자동차도 사정은 비슷합니다. 그동안 꾸준히 중국·미국·인도·터키·러시아 등 해외 공장을 만들어서 이미 10년 전부터는 해외에서 생산되는 비중이 국내를 넘어섰죠. 기업 성장이 국내 일자리 창출로 이어진다는 믿음이 깨졌음을 잘 보여줍니다.

좀 더 장기적으로는 정보기술과 인공지능기술의 발달이 고용 정체나 축소에 심각한 영향을 미칠 것으로 예상됩니다. 이러한 기술은 단순히 스마트폰처럼 새로운 제품을 만들어낼 뿐만 아니라, 생산 공정의 자동화라는 큰 변화를 불러일으킵니다. 생산 공정의 자동화를 이룬 스마트팩토리에서는 이미 최소한의 인원만으로 대량 생산이 가능합니다. 미국의 세계적인 경제학자 제레미 리프킨[Jeremy Rifkin]은 《노동의 종말》에서 "기술의 진보가 실업자를 양산"한다고 진단했습니다. 그는 인터뷰에서 이렇게 말했죠.

"1995년 이후 전 세계 실업자는 8억 명에서 10억 명으로 늘었다. 외국인 투자 증가로 일자리가 많이 늘어난 중국도 최근 7년 간 제조업 근로자 수가 15퍼센트 줄었다. 정보기술이 공장을 자동화한 탓이다. 중국의 인건비가 아무리 싸도 공장 자동화를 따라가지는 못한다."

즉 이대로 가다가는 결국 고도의 전문적이고 기술적인 훈련을 받은 소수만이 일자리를 유지할 수 있을 뿐, 나머지는 영영 일자리를 잃을지도 모른다는 뜻입니다. 우리나라의 몇몇 사례만 봐도 이것이 과도한 우려가 아님을 금방 알 수 있습니다.

예를 들어 볼까요? 한국타이어 금산공장은 '세계 최대 타이어 공장'이라 할 정도로 단일 공장으로는 엄청난 규모를 자랑합니다. 연간 2,300만 개의 타이어를 생산하고 있죠. 현재 이 공장은 자동화율이 무려 98퍼센트에 달하는 스마트팩토리입니다. 무인운반 시스템, 자동 중량측정 시스템, 로봇 자동적재 시스템, 자동쇼팅 시스템, 자동 창고 시스템 등 대부분의 공정이 자동화되어 있죠. 그렇기 때문에 세계 최대 규모의 생산 공장임에도 현장에서 근무하고 있는 직원의 수는 고작 280명에 불과합니다. 공장에는 각종 기계의 움직임만 분주할 뿐, 자동화 기계 2~4대당 1명의 직원만이 공정 상태를 확인하고 있을 뿐입니다.

무려 1조 원 이상의 엄청난 돈을 투자하여 약 26만 4천 평 규모로 만들어진 대규모 공장이지만, 투자에 비해 고용 창출에 기여한 바는 지극히 미미합니다. 앞으로 공장 규모를 더 확장한다고 해도 기계설비 중심으로 투자가 이루어질 뿐 아마 고용은 크게 늘지 않을 것입니다. 기업 사이의 생산성 경쟁은 갈수록 치열해지기 때문에 이러한 스마트팩토리는 머지않아 세계 대부분의 타이어 기업으로 확대될 것입니다. 그 결과 타이어 공장에서 일해온 수많은 노동자들은 일자리를 잃게 되겠죠.

인공지능과 정보기술의 발달로 인한 일자리의 위협은 비단 생산직에만 해당되는 현상이 아닙니다. 사무직 업무도 상당 부분 자동화되고 있습니다. 주변에서 흔히 경험할 수 있는 대표적인 사례가 바로 은행 업무입니다. 과거에는 은행 업무의 대부분이 창구에서 직원을 통해 이루어졌습니다. 하지만 지금은 24시간 자동화기기에서도 입금, 출금, 통장 정리, 세금 납부 등 대부분의 업무를 얼마든지 처리할 수 있죠. 직원과 직접 대면해야 하는 업무는 대출과 같은 몇 가지 특수 업무로 제한될 뿐입니다.

은행 업무의 자동화는 곧바로 관련 업무를 수행해온 직원들의 지속적인 축소를 의미합니다. 은행뿐만 아니라 현재의 인공지능의 발달 속도를 고려할 때 10여 년 정도만 지나도 일반 사무직 관련 업무 중 적지 않은 부분을 대신할 것으로 전망하고 있습니다. 결과적으로 기업에서의 사무직 고용률이 향후 심각하게 저하될 것이라는 점은 충분히 예상 가능합니다.

세계화라는 새로운 경제 환경, 정보기술과 인공지능기술의 발달이 초래한 고용 변화는 자본주의 경제가 지난 수백 년 간 경험했던 구조 변화와는 차원이 전혀 다른 것입니다. 즉 과거처럼 낡은 산업을 새로운 산업으로 대체하고, 기존 노동자를 새로운 산업의 노동자로 흡수하는 방식으로 이루어지기 어렵다는 뜻이죠. 정보 분야나 인공지능 분야가 확대되겠지만 과거의 새로운 산업과는 성격이 다르기에 고용 창출로 이어지는 폭이 협소합니다. 주로 고도의 전문성을 쌓은 소수 전문가들이 담당하는 분야이기 때문입니다. 기존

시장경제와 너무나 달라진 현실을 고려할 때 일자리 확대를 대기업을 비롯한 기존의 사기업에 일임하는 방식으로 성과를 기대하는 데는 분명 한계가 있습니다.

이러한 현실을 자각하고 이제 새로운 탈출구를 모색해야 할 때입니다. 과거의 성공 방식에만 막연히 얽매어 있다가는 미래사회에 대다수가 돌이킬 수 없는 불행을 맞이할지도 모릅니다. 즉 앞으로 눈부신 기술 발전이 가져올 편리와 풍요는 그저 극소수만이 누릴 수 있는 혜택에 머물 뿐, 나머지 대부분의 사람들은 혜택에서 소외된 채 어쩌면 지독한 가난에서 헤어나지 못할 수도 있으니까요.

스스로 그리고 함께 어려움을 해결하는 사람들

빈센트 반 고흐 〈붉은 포도밭〉 1888년

Vincent van Gogh, 1853~1890

| 협동으로 수많은 어려움을 이겨낸 불굴의 인류사 |

우리나라 사람들이 가장 좋아하는 화가 가운데 한 명은 빈센트 반 고흐Vincent van Gogh, 1853~1890일 것입니다. 그의 〈해바라기〉는 모르는 사람이 거의 없을 정도죠. 하지만 이 책에서는 다른 그림을 소개하고 싶군요. 〈붉은 포도밭〉은 고흐에게도 아주 특별한 그림입니다. 왜냐고요? 고흐의 인생을 통틀어 유일하게 팔린 작품이거든요. 지금이야 고흐의 작품에 가히 천문학적인 수준의 가치를 매기지만, 살아생전에 그의 그림은 인기가 전혀 없었습니다. 그런 그에게 〈붉은 포도밭〉은 비록 헐값이긴 하지만 직업 화가로서의 가능성을 확인시켜주었다는 점에서 더할 나위 없는 기쁨을 주었죠.

석양에 붉게 물든 포도밭에서 받은 강렬한 인상을 캔버스에 담아낸 이 그림은 하루 종일 대지를 뜨겁게 달구던 해가 서쪽 지평선에 걸리기 직전입니다. 노란색 하늘에 불타오르는 듯 붉게 물든 포도밭, 여기에 푸른색 옷을 입은 농부들이 어우러져 노랑·빨강·파랑의 삼원색 잔치가 벌어집니다. 아마도 이 강렬한 대비에 매료되었던 것 같습니다. 한창 포도를 수확하는 시기인가 봅니다. 넓게 펼쳐진 포도밭에 이십여 명의 농부가 허리를 굽히고 포도를 따서 바구니에 담는 일에 여념이 없고, 수확한 포도를 양조장으로 옮기기 위해, 말이 끄는 수레도 대기 중입니다.

왜 이렇게 많은 사람들이 한 밭에 몰려 동시에 수확 작업을 하고 있을까요? 그건 포도는 정확한 시기에 맞춰 수확하는 일이 중요하기 때문이죠. 너무 일찍 수확하면 설익거나 반대로 너무 늦게 수확해도 포도주 품질이 떨어지니까요. 벼나 밀과 같은 곡식은 단단하기 때문에 상대적으로 추수 기간에 여유가 있습니다. 하지만 당분이 많고 물러 상하기 쉬운 포도는 수확에 적합한 때가 짧고, 이 시기를 놓치면 자칫 공들인 일 년 농사를 망쳐버리기 십상입니다. 무엇보다도 수확 시기를 놓치면 곧 프랑스에 비가 집중적으로 내리는 우기가 시작되기 때문에 신속한 작업은 필수입니다. 이를 해결하는 가장 좋은 방법이 바로 함께 힘을 합쳐 일하는 협동이었습니다. 그래서 포도 수확 시기가 되면 남녀노소 할 것 없이 온 마을 사람이 포도밭에 몰려들어 힘을 보탰던 거죠.

사실 우리 인류는 지구에 출현한 이래 수많은 어려움과 맞닥뜨렸습니다. 산업화 이전까지 인류는 협동으로 당면한 어려움을 슬기롭게 극복하면서 안정된 삶을 유지할 수 있었죠. 훨씬 더 이전으로 거슬러 올라가면 최소한 백만 년이 넘는 기간 동안 사냥과 채집으로 생활하던 원시공동체 사회에서 더 강하고 빠른 다른 동물과 싸워 생존할 수 있었던 원동력 역시 협동이었습니다. 문명이 생겨난 이래 만 년 가까이 농경으로 번성하는 데도 협동은 인류에게 가장 중요한 전략이었습니다. 우리나라도 불과 반세기 전까지만 해도 농경사회였고, 다양한 형태의 협동에 의지하며 살아왔죠.

하지만 산업화가 본격화되고, 주요 생산 과정에 기계들이 도입되면서 상황은 급변하고 말았습니다. 기계화된 공정으로 인해 노동자사이, 즉 사람과 사람의 관계가 아닌 기계와 사람 간 관계가 중심이 되고 만 것입니다. 노동자들은 점차 기계를 보조하는 역할 아니 기계에 딸린 부속품처럼 전락해버렸죠. 그 과정에서 협동은 더 이상 산업 생산에서 중요한 가치로 여겨지지 않게 되었습니다. 또한 무한경쟁 사회로 접어들면서 협동보다는 개개인인 경쟁력이 주요 관심사로 변화했습니다.

하지만 최근 또다시 협동의 가치가 새삼스레 주목받고 있습니다. 산업사회와 시장경제가 자신의 힘만으로 더 이상 고용을 보장하기 어려운 현재 상황에서 협동을 통해 새로운 활로를 모색하려는 사람들이 늘어나고 있죠. 이 장을 시작하면서도 이야기한 바 있지만, 자발적인 협동으로 스스로 고용 문제의 해결을 모색하는 사회적 경제 움직임이 대표적이죠. 기존처럼 사기업이 아닌 시민사회 영역에서 협동조합 방식으로 일자리를 늘리려는 시도입니다. 앞서 언급했던(198쪽 참조) 세계적인 경제학자 리프킨은 "1995년 이후 유럽에서 새 일자리의 40퍼센트가 시민사회 분야에서 나왔다."라고 이야기합니다. 단지 막연한 가능성이 아니라 이미 일자리 확대의 중요한 역할을 사회적 경제가 담당하고 있다는 것을 보여줍니다.

| 협동조합을 통해 사회적 경제를 경험하다 |

여러분에게는 어쩌면 협동조합이 그러한 역할을 담당한다는 게 다소 과장된 말처럼 들릴지도 모르겠군요. 협동조합이 농경사회의 잔

재일 뿐이라고 여긴다거나, 특히 현대적 협동조합 경험이 매우 짧고 협소한 우리나라에서는 더욱 이해가 되지 않을지도 모릅니다. 하지만 세계 협동조합 기업들은 우리가 생각하는 것보다 훨씬 더 다양하고, 무엇보다 상상 이상의 엄청난 성과를 거두고 있습니다.

특히 유럽은 일찍부터 협동조합 경험을 풍부하게 쌓아가고 있죠. 유럽을 중심으로 몇몇 협동조합의 성공 사례를 살펴볼까요? 먼저 1950년대에 스페인 바스크 지방에서 설립하여 발전시켜온 협동조합복합체 '몬드라곤Mondragon'은 사업 확장과 고용 창출의 두 마리 토끼를 모두 잡은 대표적인 성공 모델로 평가받고 있습니다. 조합원들이 경영진을 선출하며 조합원 대표로 구성된 의회가 주요 경영 사항을 결정하죠. 또한 현대 기업형태인 주식회사의 결정 방식인 '1주 1표'의 원리가 아니라 사람 중심의 '1인 1표' 경제 민주주의로 조직을 운영합니다.

몬드라곤의 기업 목표는 이익 극대화가 아닌 고용 확대에 있습니다. 지난 2008년 세계를 덮친 금융위기 속에서 스페인의 실업률은 25퍼센트에 육박했습니다. 하지만 당시 몬드라곤은 해고를 단행하지 않은 기업으로 유명했죠. 비록 일시적인 휴직자가 있긴 했지만 노동자들은 그 기간 동안 80퍼센트의 급여를 받고 재교육을 거쳐 다른 관계사로 복직했습니다. 현재 몬드라곤은 전체 노동자 수가 8만 명이 넘고, 가전·식품·유통 등 여러 분야의 협동조합 기업을 운영하고 있습니다. 산하에 250여 개의 협동조합 및 기업과 15개의 연구센터를 보유하고 있죠. 이는 스페인에서 고용창출 3위, 재계서

열 7위, 매출순위 8위를 기록할 정도입니다.

현재는 이렇듯 엄청난 규모를 갖추고 있지만, 처음부터 큰 규모로 시작했던 것은 아닙니다. 겨우 5명의 조합원이 모여 첫 번째 노동자 협동조합인 석유난로공장을 설립하면서 출발했으니까요. 협동조합을 시작하게 된 계기는 자본주의 기업의 고질적 병폐인 불평등한 분배로 인한 빈부격차의 확대, 경영의 비민주성, 노사갈등 등의 문제를 해결하려는 문제의식의 공유였죠. 협동조합이기에 노동자가 직접 소유·경영하고, 수익을 고르게 분배합니다. 이익이 많이 발생한 조합이 손실이 많은 조합을 지원하기에 임금 차이와 고용 불안은 상당 부분 해소될 수 있죠.

또 다른 사례를 살펴볼까요? 이탈리아 북동부에 있는 볼로냐는 협동조합 도시로 유명합니다. 협동조합이 은행·소비·노동·문화·서비스 등 전반에 걸쳐 경제의 중심을 차지합니다. 처음부터 시장원리인 경쟁보다는 협동 방식으로 경제발전을 추구했습니다. 현재 볼로냐에만 400개가 넘는 협동조합이 있고, 상위 기업 50개 중 무려 15개가 협동조합입니다. 볼로냐가 속한 주의 생산 경제활동 가운데 약 3분의 1을 협동조합이 담당하며, 볼로냐는 유럽연합에서 가장 소득이 높은 5개 지역에 속합니다. 나아가 이탈리아 전체로 보더라도 협동조합이 국내총생산의 30퍼센트를 차지하고 있습니다.

볼로냐의 협동조합연맹 '레가Lega'는 거의 전 경제 분야에 걸쳐 매우 적극적인 활동을 펼치고 있습니다. 좋은 품질과 값싼 물자를 공급하는 소비자 협동조합은 이제 우리에게도 꽤 익숙합니다. 나아가 직접 경작하거나 구매·유통·물류 등 각종 농축산 영역에서 일하는 사람을 위한 농업협동조합, 선박 주인이거나 협동조합 소유의 선박을 이용하는 어업 종사자의 수산업협동조합, 농업이나 어업처럼 1차 산업만이 아니라 2차 산업에서 생산을 하는 고용·생산협동조합, 조합원을 대상으로 구입 또는 임대 목적의 주택을 제공하는 주택건설협동조합, 여객 및 화물 운송과 관련된 사람을 위한 운송협동조합, 여기에 더해 신용 분야는 물론이고 보험·문화·여행·스포츠·여가 관리 등에 이르기까지 다양한 분야에 진출해 있습니다.

사실 이탈리아도 다른 국가와 마찬가지로 실업 문제로 몸살을 앓고 있습니다. 고용 불안정의 장기화로 노숙자와 빈곤층이 날이 갈수록 늘어나는 추세이죠. 하지만 볼로냐의 협동조합은 몬드라곤과 마찬가지로 경제위기 상황에서도 심각한 고용 불안으로 이어지지 않았습니다. 구조조정 방식으로 대규모 정리해고를 단행하는 정책에 반대하는 데 머물지 않고, 사기업에서 발생한 실업자들을 흡수하는 동시에, 사회 서비스를 통해 공적인 역할까지 수행하고 있기 때문이죠.

물론 유럽의 몇몇 성공 사례를 협동조합 전체로 일반화하기는 어렵습니다. 세상에는 실패를 겪거나 재정난 등 어려움에 빠져 있는 수많은 협동조합도 존재하니까요. 하지만 몬드라곤이나 볼로냐의 사례가 적어도 협동조합에 대한 우리의 왜곡된 사고방식과 편견을 깨뜨리고 새로운 발상을 자극할 만한 계기는 되어줄 거라고 생각합니다. 또한 우리가 알게 모르게 가지고 있는 온갖 고정관념들에 대해서도 의문을 제기할 수 있게 도와줄 것입니다. 예컨대 경제는 오직 사기업에 의해서만 발전한다는 생각, 사기업의 발전에 고용이 좌우된다는 생각, 대규모 자본 투자에 의해서만 기업으로서 성공할 수 있다는 생각, 협동조합은 태생적으로 지극히 부차적인 역할만 수행할 뿐이라는 생각 등이 그것이죠.

세계의 주요 협동조합 대부분은 대여섯 명의 인원을 중심으로 아주 영세한 규모로 출발했습니다. 하지만 현재에 이르러서는 소비와 농업뿐만 아니라 다양한 영역에서 크게 성장할 수 있다는 가능성을 보여줍니다. 물고 물리는 경쟁보다는 협동에 기초한 사회적 경제가 사회를 움직이는 원리로 작동할 수 있다는 점을 확인시켜준 셈이죠.

협동조합은 세계경제의 고질적인 불안정성과 실업의 확대 속에서 고용 안정의 중요한 한 축을 담당하고 있습니다. 무엇보다도 같은 뜻을 가진 사람들이 모여 함께 꿈을 키우고, 노동의 대상이 아닌 주인이 되어 공정하고 평등한 관계 속에서 사회적인 삶을 영위할 가능성을 보여준다는 점에 우리는 주목할 필요가 있습니다.

함께 땀흘리는 우리, 함께하는 행복

포드 매독스 브라운 〈노동〉 1865년

Ford Madox Brown, 1821~1893

| 노동이 보람차고 즐거울 순 없을까? |

영국 화가 포드 매독스 브라운Ford Madox Brown, 1821~1893의 〈노동〉은 런던 길거리 공사장에서 바쁘게 일하고 있는 노동자들의 모습을 담고 있습니다. 하수시설 설치 공사를 위해 도로에 구멍을 파고 있는데, 맨 앞의 노동자는 삽으로 뜬 모래를 채에 뿌려 돌을 걸러내는 중입니다. 뒤에서는 모래와 자갈을 시멘트에 섞어 콘크리트 반죽을 하고 있습니다. 뒤편의 노동자는 일하다 목이 마른지 물을 벌컥벌컥 들이켜 마시고 있군요. 모두 팔을 걷어붙인 채 열심히 일하고 있는 건강한 모습입니다.

주변에 있는 사람들의 모습도 흥미롭습니다. 왼편의 꽃을 파는 여인은 여기저기 구멍이 뚫린 옷에 맨발 차림으로 보건대 가난한 도시 빈민임을 알 수 있습니다. 바로 뒤에는 도시의 중산층을 떠올리게 하는 말쑥한 차림새의 여인도 보입니다. 그 밖에 신사 복장의 남자와 화려한 치장의 여성은 말을 타고 있는 모습에서 부유한 계층임을 짐작해봅니다. 동네에서 흔히 볼 수 있는 주민도 보입니다. 시원한 나무 그늘에서 소시민 가족이 한낮의 여유를 즐깁니다. 앞에서 한 소년이 짓궂은 표정으로 공사장 수레로 장난을 치고, 아기를 안고 있는 엄마가 사고치지 말라며 꿀밤을 한 대 쥐어박습니다. 강아지들도 공사 장면이 신기한 듯 주변에 모여 있습니다.

그저 바라보는 것만으로도 왁자지껄한 현장의 분위기가 느껴집니다. 그런데 이 그림이 특별한 이유는 다양한 계층이나 노동 자체보다는 다른 데 있습니다. 바로 노동자들의 분위기 때문이죠. 역사적으로 노동자를 화폭에 담아낸 화가들이 적지 않습니다. 대체로 노동의 고단함이라든가 노동자들의 비참한 처지를 어둡게 묘사하곤 했죠. 또 비판적 사실주의 미술을 추구하는 화가들은 불평등에 저항하는 노동자의 분노를 강조하기도 했습니다.

하지만 브라운의 그림은 뭔가 전혀 다른 분위기를 띱니다. 노동의 고단함이나 비참함에 대한 흔적은 어디에서도 찾아볼 수 없습니다. 분노도 찾아볼 수 없죠. 전반적으로 밝고 건강한 분위기로 노동을 통해 보람을 느끼고, 즐거움을 찾는 표정입니다. 그림의 목적이 노동자의 열악한 처지에 대한 고발에 있지 않다는 것을 알 수 있죠. 노동의 가치를 바라보는 화가의 관점을 짐작할 수 있습니다. 그의 생각은 그림의 맨 오른쪽에 있는 두 명의 나이 든 남자를 통해 파악할 수 있습니다. 두 남자 중 한 사람은 작가 겸 사상가였던 토머스 칼라일Thomas Carlyle이고, 다른 한 사람은 노동자 대학을 설립한 프레더릭 모리스John Frederick Denison Maurice입니다.

인물에 대해 잠시 소개하면 먼저 칼라일은 이상주의적인 사회개혁을 추구했죠. 그는 게으름을 비판하고 노동의 신성한 가치를 강조했습니다. 〈노동〉이라는 수필에서 다음과 같이 주장했죠.

"일은 언제나 고귀하고 신성하다. 사람이 아무리 몽매하고 자기의 할 바를 모른다 해도, 진지하게 일을 한다면 그에게는 언제나 희망이 있다. (…) 사람은 일을 함으로써 자신을 완성해 나간다."

칼라일에 의하면 절망은 노동을 하지 않으려는 나태에서 오는 것입니다. 노동을 통해 문명이 생겨났고, 일하는 사람 스스로도 건강한 마음을 갖게 되죠. 마음이 평정을 찾음으로써 몸과 정신의 조화를 이룹니다. 인생이 곧 노동입니다. 즉 인간의 가치를 노동의 가치에서 찾은 것입니다.

모리스도 노동에서 희망을 발견하려 한 점에서 비슷합니다. 그는 신학을 삶에 적용하는 실천 신학자였습니다. 런던에 노동자 대학을 설립하고 평생을 노동자 교육에 힘썼습니다. 모리스는 자본주의가 기본적으로 인간의 이기심을 부추기는 제도이기 때문에, 노동자를 포함하여 모두를 형제자매로 여기는 그리스도의 사랑에 맞지 않는 경제체제라고 여겼습니다. 그는 개인과 개인 사이의 이기적인 경쟁이 아니라 노동자들 간의 협업을 근간으로 할 때 비로소 산업사회의 빈곤을 슬기롭게 극복하고 국가 경제도 건강하게 돌아갈 수 있다고 주장했죠.

화가는 노동과 협동을 통해 사회발전은 물론이고, 노동자 자신의 가치도 실현한다는 이들의 생각에 크게 공감했던 것으로 보입니다. 노동이 인간으로서 가장 보람에 가득 찬 행위이고, 진정한 의미의 즐거움을 찾을 수 있는 길임을 그림으로 보여주고자 했던 거죠. 이들의 문제의식이 다소 이상적인 발상일지 모릅니다. 하지만 적어도 대부분의 사람이 거의 평생에 걸쳐 노동을 하며 살아가는 현실에서, 노동이 스스로에게 보람과 즐거움이 될 수 있는 방법이야말로 우리가 함께 풀어볼 만한 의미 있는 과제가 아닐까요?

| 사회적 경제, 우리 모두의 상상력이 필요해요! |

협동조합을 중심으로 사회적 경제를 추구하는 사람들도 비슷한 문제의식을 가지고 출발했습니다. 이들은 경쟁이 사회의 유일한 원리이자 인간의 운명이라는 사고방식을 거부합니다. 경쟁의 승자는 모든 것을 차지하고 패자는 몰락할 수밖에 없다는 약육강식의 논리에서 벗어나 협력을 통한 상생의 원리가 경쟁만큼 중요하고, 때로는 더 중요한 가치이기도 하다고 여깁니다.

앞서 이야기했지만, 세계의 대기업들이 심각한 경제위기나 불황이 찾아올 때마다 대량 해고를 마치 전가傳家의 보도寶刀2처럼 꺼내 들었지만, 협동조합은 달랐습니다. 해고하지 않고도 함께 어려움을 이겨내며 눈부신 성장까지 이루었죠. 협동조합은 협동에 의해 상부상조하는 결합을 확산함으로써 경쟁으로 인한 문제를 해결하고 더 나은 사회를 만드는 데 앞장서왔습니다. 영국 맨체스터 지역의 '유니콘'이라는 노동자협동조합 매장에 걸린 문구는 협동조합이 추구하는 바를 잘 보여줍니다.

> "삶이 먼저다. 삶의 실현 방식이 경제다. 그 경제의 조직 방식이 협동조합이고 그건 개인이 선택할 문제다. 그리고 그건 철학의 문제다."

....
2. 전가의 보도란 양반가에서 대대로 전해 내려오는 보검이라는 뜻인데, 가문에 먹칠을 한 행동을 한 가족을 처단하는 도구로 쓰였다고 합니다. 비유적인 의미로 '만병통치약'과 비슷하게 사용됩니다.

우리나라는 본격적인 협동조합의 역사가 워낙 짧다 보니, 그에 비례해 경험도 부족한 편입니다. 소비자협동조합이 나름대로 사업을 확장해왔지만, 사회 전체적으로 볼 때는 아직 미미한 수준이죠. 최근 생산협동조합을 비롯하여 다양한 영역에서 새로운 시도들이 이어지는 것은 매우 바람직한 현상이라고 생각합니다. 앞으로 협동조합이 일반 사기업과 함께, 사회적 경제가 시장경제와 함께 우리 사회의 중요한 한 축을 담당하기 위해서는 좀 더 참신한 상상력을 발휘할 때입니다. 지금까지의 다양한 시도에 더해 더 넓은 영역에서 협동조합의 가능성을 열어갈 필요가 있습니다.

한국협동조합연구소는 협동조합 활성화 가능성이 높은 10대 분야를 다음과 같이 밝힌 적이 있습니다. 바로 영세상인 및 소상공인들, 자활공동체나 돌봄 사업 등의 저소득 취약계층, 방문교사나 택시기사 등 특수고용직 노동자들, 초기 자본 동원이 어려운 소규모 청년 창업, 사회안전망 구축이 필요한 낙후지역 주민들, 장애인 등 한계노동자들의 노동 통합, 공공성 강화가 요구되는 보건의료나 공동육아, 탈시장화를 시도하는 주택과 에너지, 문화·예술·여행·스포츠 등의 여가 활용, 생산자·소비자가 결합하는 로컬 푸드와 도농 교류 등입니다. 이는 협동조합이 얼마나 다양한 영역에서 새로운 모색을 해나갈 수 있는지 짐작할 수 있게 해줍니다.

또 유럽을 비롯한 앞선 협동조합 경험을 거울삼아 우리에게 맞는 참신한 사업을 개발해내는 작업도 중요합니다. 유럽에서는 집도 협동조합을 통해 해결하는 경우가 많습니다. 예를 들어 볼로냐의 주택협동조합 '콥안살로니'는 협동조합이 은행에서 융자를 받아 집을 지어, 공장 노동자나 가난한 사람이 집을 구입할 수 있도록 하고 있습니다. 좋은 품질의 주택을 거품 없는 가격에 저렴하게 공급하는데, 그동안 공급한 주택이 무려 7천 채에 이릅니다. 처음 조합원 50~60명으로 시작했지만, 지금은 1만여 명을 훌쩍 넘습니다. 볼로냐에는 이런 주택협동조합이 여러 개 있습니다. 볼로냐도 불과 수십 년 전까지는 의사·변호사 등 부자만 집을 살 수 있었죠. 하지만 주택협동조합의 활동 성과에 힘입어 현재는 85퍼센트가 집을 소유하고 있습니다.

우리나라도 주거협동조합을 통해 심각한 집 문제를 해결하려는 일부 시도들이 생겨나고 있습니다. '내집' 마련이 어려우면 '우리집'을 만들자는 청년주거협동조합의 활동이 대표적이죠. 아직까지는 매우 작은 규모지만, 유럽의 주택협동조합도 시작은 미미했습니다. 장기적으로 볼 때, 한국의 고질적인 부동산투기와 주택 문제의 해결을 위한 매우 소중하고 의미 있는 시도입니다.

환경 문제와 연관된 주민의 삶도 협동조합을 통해 해결해볼 수 있습니다. 예컨대 덴마크 수도 코펜하겐의 교외 해안가에는 풍력협동조합 '비도우레Hvidovre'가 운영하는 풍력발전 시설이 있죠. 마을 주민들이 협동조합을 만들어 높이가 150미터나 되는 커다란 풍력발전기를 세운 것입니다. 이를 통해 국가가 에너지 시설을 지을 때 맞닥뜨리는 님비현상도 극복하고 있습니다. 환경에 기여하면서 경제적으로도 도움이 되니 주민들이 반대할 이유가 없죠. 지금은 조합원이 2천 명을 넘지만, 단 네 명으로 시작했다고 합니다.

그 외에도 유럽에서는 우리가 미처 생각하지 못한 분야에서 협동조합으로 밝은 미래를 열어 나가는 사람들이 참 많습니다. 연극협동조합을 통해 예술과 문화 영역에서 새로운 활로를 찾는 사람들도 있습니다. 연극은 여러 사람의 공동 작업이기에, 협동조합의 운영 방식과 여러 측면에서 잘 맞는다고 합니다. '노숙인자활협동조합'도 사회문제의 해결을 위한 참신한 대안을 만들어 나가는 중입니다. 협동조합을 통해 컴퓨터 활용기술이나 재봉기술 등을 익히고, 공원 청소와 자전거 수리 같은 일자리 기회를 만드는 거죠. 이제 협동조합은 인간 생활이 이루어지는 거의 모든 영역에 결합되어 있다고 해도 과언이 아닐 만큼 사회에 촘촘하게 뿌리를 내려가고 있습니다.

물론 협동조합이 현대사회의 유일한 대안이라는 뜻은 아닙니다. 하지만 주식회사를 비롯한 사기업이 현대 자본주의 사회의 주요 축을 담당해왔듯이, 협동조합 또한 새로운 하나의 축이 될 수도 있지 않을까요? 어쩌면 이윤 추구에만 몰두해 있는 대기업 중심의 산업 사회에 대안을 제시해줄 수 있는 바람직한 조직 모델이 될 것입니다. 나아가 소비와 특정 제품의 생산과 연관된 협동조합을 뛰어넘어 인류의 삶 전반과 접촉면을 갖는 협동조합 네트워크를 지향해볼 수 있지 않을까 하는 행복한 전망을 해봅니다.

인문학적 관점에서 생각하고 판단하는 힘!
가치융합, 사회통합을 지향하는

맘에드림 생각하는 청소년 시리즈

맘에드림 생각하는 청소년 시리즈에 관하여

맘에드림은 배움의 주체이자 미래사회의 주역인 청소년을 위한 '생각하는 청소년' 시리즈를 출간하고 있습니다. 청소년기는 논리적으로 사고하고, 윤리적으로 판단하며, 궁극적으로 자기 삶의 주인공이 되는 인간으로 성장하는 데 중요한 시기입니다. '생각하는 청소년' 시리즈는 청소년에게 삶과 밀접한 다양한 사회문제들을 재미있게 이해하고 해결 방법을 생각해볼 기회를 주고자 합니다. 나아가 친구들과 함께 진지하게 토론하고, 스스로 생각한 해결 방안을 실천해볼 수 있는 용기를 주고자 합니다. 이 시리즈를 통해 청소년들이 마음껏 생각하고, 상상하고, 느끼면서 역량을 키우고, 나아가 성숙한 민주시민으로 성장해가기를 기대합니다.

공간의 인문학 학교도서관저널 추천도서
한현미 지음 / 값 12,000원

이 책은 청소년들이 공간을 창조하는 행위인 건축에 대해 자신의 삶과 연관 지어 인문학적 성찰을 할 수 있도록 쓰였다. 이 책을 통해 인간의 삶에 행복을 주는 것은 값비싸고 화려하고 멋져보이는 공간이 아니라 견고하고 유용하며 아름다운 공간이라는 것을 이해할 수 있을 것이다.

십대들을 위한 생각연습 학교도서관저널 추천도서
정좀삼 · 박상욱 지음 / 값 12,000원

이 책은 청소년들이 스스로를 더 깊이 있게 이해하고, 아울러 자신에게 있어 타인, 사회, 국가, 세계사 어떤 의미를 갖는지 생각해보는 데 도움을 준다. 이를 통해 모두가 함께 잘 살 수 있는 세상은 어떤 세상인지 진지하게 고민해볼 수 있다면 우리 사회의 미래도 분명 따뜻하고 희망적일 것이다.

모두, 함께, 잘, 산다는 것 행복한 아침독서 추천도서

김익록 · 박인범 · 윤혜정 · 임세은
주수원 · 홍태숙 지음 / 값 10,000원

이 책은 청소년들에게 사회적 경제를 쉽고 재미나게 전달하기 위해
만들어졌다. 사회적 경제에 대한 호기심을 이끌어내는 것에서 시작해서
무엇보다 청소년들이 일상 속에서 직접 실천해볼 수 있는 여러가지
활동들을 제시한다. 이를 통해 모두, 함께, 잘, 산다는 것의 진짜 의미를
깨닫게 될 것이다.

십대들을 위한 맛있는 인문학 학교도서관저널 추천도서

정정희 지음 / 값 12,000원

이 책은 과거와 현대의 다양한 먹거리와 그 속에 담긴 이야기들을
전한다. 저자는 청소년들이 좋은 음식의 의미를 생각해보고, 현대사회의
고장난 먹거리체계에 관심을 기울이기를 바란다. 나아가 그러한
문제의식을 바탕으로 좋은 먹거리가 더 많이 생산될 수 있도록 하는 데
작은 힘이나마 보탤 수 있기를 바란다.

지리는 어떻게 세상을 움직이는가? 학교도서관저널 추천도서
전국지리교사모임 추천도서

옥성일 지음 / 값 13,500원

미래 사회의 주역인 우리 청소년들에게는 한반도와 동북아를 뛰어넘어
한층 더 넓은 시야로 세계를 바라보면서 국제 질서를 냉철하게 분석할
수 있는 능력이 요구된다. 이 책은 글로벌 시대에 꼭 필요한 냉철한
시각과 분석력을 키워줌은 물론 우물 안 개구리의 사고방식에서 벗어나
한층 넓은 시야를 가질 수 있게 도와줄 것이다.

쉬는 시간에 읽는 젠더 이야기

김선광 · 이수영 지음 / 값 12,000원

청소년은 건강한 비판정신을 바탕으로 사회문제에 관해 치열하게
논쟁할 수 있어야 한다. 이는 앞으로 그들이 더 나은 삶을 살아가고, 이
사회의 민주주의가 성숙해지는 데 밑거름이 될 것이다. 필자들은 이
책을 통해서 청소년들이 성 차별과 혐오, 페미니즘에 대한 왜곡 등에
대해 건강한 논쟁을 시작할 수 있는 기회를 마련해준다.

폭염의 시대 학교도서관저널 추천도서

주수원 지음 / 값 10,000원

기후변화는 단지 기후 문제일까? 저자는 기후변화, 나아가 기후위기의 시대를 살아가는 오늘날의 청소년들에게 기후변화의 실태와 사회문제로 이어지는 기후변화의 심각성을 이야기한다. 이 책은 폭염시대를 살아가는 청소년들의 의식을 한층 성장시킬 뿐만 아니라, 타인의 아픔에도 귀 기울일 줄 아는 성숙한 시민으로 성장하는 데 분명 도움을 줄 것이다.

경제를 읽는 쿨한 지리 이야기 학교도서관저널 추천도서
책따세 추천도서

성정원 지음 / 값 13,500원

지리의 눈으로 세상 구석구석을 살펴보는데, 특히 경제에 초점을 맞추었다. 그저 달달 외우기 바쁜 지루한 암기과목으로서의 지리가 아니라, 지리의 각 요인과 경제 사이의 역동적 상호작용이 만들어낸 흥미진진한 결과들을 살펴봄으로써 자연스럽게 경제를 이해하고 나아가 세상을 바라보는 새로운 눈을 뜨게 될 것이다.

독자 여러분의 소중한 원고를 기다립니다

맘에드림 출판사는 독자 여러분의 소중한 원고를 기다리고 있습니다. 원고가 있으신 분은 momdreampub@naver.com으로 원고의 간단한 소개와 연락처를 보내주시면 빠른 시간에 검토해 연락을 드리겠습니다.